정말 죽을 것 같아
시작한 독서가
삶을 바꾸었다

정말 죽을 것 같아 시작한 독서가 삶을 바꾸었다

초 판 1쇄 2020년 10월 20일

지은이 손정현
펴낸이 류종렬

펴낸곳 미다스북스
총괄실장 명상완
책임편집 이다경
책임진행 박새연 김가영 신은서
본문교정 최은혜 강윤희 정은희 정필례

등록 2001년 3월 21일 제2001-000040호
주소 서울시 마포구 양화로 133 서교타워 711호
전화 02) 322-7802~3
팩스 02) 6007-1845
블로그 http://blog.naver.com/midasbooks
전자주소 midasbooks@hanmail.net
페이스북 https://www.facebook.com/midasbooks425

ⓒ 손정현, 미다스북스 2020, *Printed in Korea*.

ISBN 978-89-6637-861-6 03190

값 15,000원

미다스북스는 다음세대에게 필요한 지혜와 교양을 생각합니다.

손정현 지음

정말 죽을 것 같아
시작한 독서가
삶을 바꾸었다

미다스북스

나는 책에서 희망을 보았다

나는 유년 시절 엄마의 품이 그렇게도 그리웠다. 1남 5녀 중 셋째 딸로 태어나 엄마 곁을 떠나 할머니가 계신 곳에서 시골 생활을 몇 년 했다. 그때부터 눈치가 발달하기 시작한 것 같다. 엄마 품에 안겨 어리광도 피우고 싶었지만, 줄줄이 동생들 앞에서 나는 언니다워야 했다. 부모님께 반항 한 번 안 하고 고분고분 살았다. 학창 시절에는 선생님의 권위에 순종했다. 직장 생활하며 상사의 권위 앞에 부당한 일도 항변하지 못하고 지냈다.

결혼하면 자유롭게 살 줄 알았다. 그것도 내 착각이었다. 결혼해서는 시부모님, 시숙, 형님 앞에 순한 양이 되었다. 행복한 결혼 생활을 꿈꾸었다. 하지만 행복해야 할 결혼 생활은 불과 1년 만에 시댁의 문제로 나를 정신적으로 힘들게 했다.

어느 순간 숨을 몰아쉬는 습관이 생겼다. 가슴이 답답하고 숨 쉬기가 힘들었다. 순간 벗어나고 싶다는 생각뿐이었다. 어디서부터 잘못되었는지, 왜 나에게 이런 일이 생겼는지 내가 결정한 모든 것에 후회만 남았다.

내가 살아가는 이유를 아이들에게 집중시켰다. 열심히 아이들을 키우며, 내 역할은 이 아이들을 건강하게, 훌륭하게 키우면 끝인 줄 알았다. 다른 아이들의 사춘기를 보며 내 아이에겐 사춘기란 단어가 어울리지 않는다고 생각했다. 사춘기를 겪으며 나를 원망하는 아들의 모습에 마음이 아팠다. 그렇게도 애지중지 헌신하며 키웠는데 역시 사춘기란 놈은 참 무섭다. 지나고 보니 착한 사춘기라 그나마 감사할 뿐이다. 내가 살아가는 유일한 이유는 아들과 딸이었다. 그 아이들에게서 손을 떼라는 것은 나에게 죽으라고 하는 것과 같았다. 내 삶의 유일한 희망이었다. 그 일로 내가 다시 성장하게 될 줄 그땐 미처 몰랐다. 지금은 그런 아들에게 참 고맙다. 내가 성장할 수 있는 계기를 마련해줬기 때문이다.

10년 전부터 내 몸에 이상 신호가 하나씩 생기기 시작했다. 여기저기 병원을 다니며 시술과 수술을 했다. 아직 잘 살아보지도 못했는데 이러다 몇 년 뒤 세상을 등지면 어떻게 될까? 문득 죽음에 대한 생각이 들었다. 내 인생이 너무 초라했다. 무기력과 우울감이 찾아왔다. 이대로 생을 끝내기엔 아직 해보고 싶은 게 너무 많았다. 이루어놓은 것이 아무것도 없었다. 그제야 내 인생이 보이기 시작했다. 한 번도 내가 원하는 대로 살아온 적이 없었다. 내 시간을 오로지 가족을 위해 타인을 위해 사용했다는 것을 깨달았다. 스스로 나를 과소평가하며 능력에 한계를 짓고 있었다. 이미 멈춰버린 성장의 시간, 사회적 잣대로 보면 나는 그냥 집에서 애만 보는 아무 능력 없는 주부였다. 왜 주부 경력은 인정되지 않는 걸까? 내가 애쓴 20년의 시간은 왜 경제적으로 환산해주지 않는 걸까? 나도 나를 찾는 시간에 내 인생을 할애하고 싶어졌다. 그래서 책을 읽기 시작했다. 책을 읽으며 또 다른 세상에 눈을 뜨게 된 경험과 책 속에서 만난 인생의 멘토를 이 책을 통해 나누고자 한다.

어떻게 살아야 하는가? 인생에 정답이라는 게 있을까? 내가 생각하는 인생이 아니라고 함부로 살아서는 안 된다. 곧 크게 후회하게 될 것이다. 나 역시 살면서 정말 죽고 싶었을 때 아이들이 생각났다. 아이들의 인생을 내가 망치고 싶지 않았다. 아이들에게 존경받는 엄마가 되고 싶었다. 죽음 앞에 이름이라도 남기고 싶었다. 40대 중반까지 살면서 정말 죽도록 열심히 살지 않았던 나를 반성하게 되었다. 나이 아흔이 넘어서도 배움을 게을리하지 않는 어른들을 보며 부러웠다. 무엇이 저들을 죽기 직전까지 저토록 열정을 다해 살도록 이끌었는지 알고 싶었다.

왜 나는 성장의 시간을 스스로 멈추었을까? 왜 이미 늦었다고 단정지었을까? 왜 나는 내 목소리를 내지 못하고 타인에게 의지하며 살았을까? 돌아보

정말 죽을 것 같아 시작한 독서가 삶을 바꾸었다

니 남들이 시키는 대로 했지만 남의 말을 믿은 내 잘못이었다. 왜 내 인생을 타인이 시키는 대로 하며 살았는지, 나보다 타인의 아픔을 더 생각했는지, 사회적 잣대로 포기부터 했는지 생각하면 지내온 시간 앞에 고개를 들 수 없다. 책을 읽으며 알았다. 인생엔 정답이 없음을. 할 말은 하고 살아도 된다는 것을. 욕 좀 들으면 어때? 꼭 모든 사람에게 다 좋은 사람이 될 필요는 없다는 것을 40대 중반에야 알게 되었다.

이 책을 통해 나처럼 힘든 시간을 겪고 있는 이들에게 내가 어떻게 죽음 앞에 희망을 찾게 되었는지 알려주고 싶었다. 자신을 아무 쓸모없다고 학대하는 사람들에게 당신은 존재 자체로 소중하며, 내면에 어마한 잠재력이 있음을 일깨워주고 싶었다.

지금 갇혀 있는 그 울타리에서 벗어나라.

큰일 날 것 같지만 의외로 바깥에 자유와 행복이 기다리고 있다. 당장 그럴 수 없다면 책을 통해 그 길을 찾게 해주고 싶다. 배움의 기쁨, 성장의 기쁨을 맛보며 당신이 겪었던 그 경험이 얼마나 소중한지, 당신의 경험이 누군가에게 도움을 준다는 것 또한 알게 될 것이다. 남을 의식하지 않을 때 온전히 내 삶에 집중할 수 있음을 말해주고 싶다. 지금 겪고 있는 시련 또한 이유가 있음을 알게 될 것이다.

내가 마음에 새기는 문구를 소개한다.

『맹자』
「제6편 고자 장구 제15장 하편」

하늘이 장차 어떤 사람에게

큰일을 맡기려 할 때는

반드시 그 마음을 먼저 괴롭히고

신체를 고단케 하여 배를 굶주리게 하고

생활을 곤궁에 빠뜨려 행하는 일마다

뜻과 같지 않게 한다.

그렇게 하는 까닭은 그 마음을 움직이고

천성을 끈질기게 하여 자기의 성질을 참아서

그 전에 해내지 못했던 일을

더욱 잘할 수 있게 해주기 위함이라.

부디 이 책을 통해 당신의 삶에 희망의 빛이 생기길 진심으로 소망한다.

2020년 10월의 끝자락에

손정현

/ CONTENTS /

• PART 1

책 읽을 시간이
없다는
사람들에게

01
책 읽을 시간이 없다는 사람들에게

직장 다니며 자기 계발하는 사람들은 어떻게 시간을 활용하는 걸까?

"자기야, 이 책 정말 굉장한 책이야. 한 번 읽어봐."

남편에게 책을 권유했다.

"아니, 이 사람이 온종일 회사에서 일하고 온 사람한테 무슨? 피곤한데

TV 보다가 자야지, 내일 또 일하러 가려면…"

일언지하에 거절한다.

"TV보다 더 재미있어 봐봐, 나는 책 읽는 남자가 멋있더라."

"나는 안 멋있어도 돼. 이대로 살란다. 내가 좋아하는 야구나 보다가 자야지."

남편은 TV와 스마트폰을 번갈아가며 안경을 벗고 스마트폰을 보다 TV 속으로 들어가곤 한다. 어떤 땐 주부인 나보다 드라마를 더 잘 꿰뚫고 있다. 그렇게 안방은 내 남자의 안락한 휴식처가 된다. 침대에 누워 TV를 보며 하루의 피로를 푸는 사람이다.

'난 옛날부터 학구파를 좋아했는데⋯. 내가 존경하는 사람은 끊임없이 책을 보고 연구하고 도전하는 사람인데⋯.'

온종일 일하다 온 사람에게 무리한 요구일까? 20분이라도 아니 10분도 괜찮은데⋯. 좀 더 기다려야 될 것 같다.

책을 보면 TV 드라마보다 더 재미있다. 나는 책을 보며 내가 몰랐던 새로운 사실을 알게 되거나 깨달음을 얻을 때 희열을 느낀다. 그럴 때 정말 행복하다. 학창 시절에 독서의 맛을 알았더라면 더 좋았을 텐데 아쉬움이 남는다. 2년 전부터 책의 재미를 알게 되었다. 그렇게 나의 독서는 시작되었다. 내가 느낀 행복을 내 남자에게도 알려주고 싶었다. 그런데 아직은 너무 피곤해서 내 말이 안 들리나 보다.

정말 죽을 것 같아 시작한 독서가 삶을 바꾸었다

물론 바쁘고 정신없는 하루를 보내고 나면 아무 생각 없이 충분히 쉬고 싶을 테다. 하지만 책을 좀 읽어야겠다, 마음만 먹는다면 얼마든지 책 읽을 시간을 확보할 수 있다.

회사에 20분 일찍 출근해서 모닝커피를 마시며 몇 페이지 읽고, 점심시간 후 오후 업무 시작하기 전 20분가량, 집에 돌아와 씻고 TV 켜기 전 20분 독서 타임을 가진 뒤 TV를 보다가 자도 된다. 그럼 하루 1시간 독서 시간을 확보하는 꼴이다.

필요성을 느끼면 없던 시간도 생긴다.

"앞으로 뭘 해서 먹고사나?"

"큰일이다, 세상이 갈수록 힘들어지니…."

"너희들도 정신 똑바로 차리고 공부해라! 앞으로 잘못하면 밥도 못 먹고 산다."

내가 자라면서 어른들은 항상 경기가 어렵다는 얘기만 하셨던 것 같다.

그런데 이제는 정말 실감이 난다. 바로 코로나바이러스19로 지구상에 있는 많은 나라가 어려움에 직면하게 되었다. 전 세계가 어수선하다. 이런 시국에 많은 사람이 일자리를 잃고 자영업자들은 가게 문을 닫고 새로운 일자리를 찾아 헤매고 있다. 미래가 불안하니 자기 계발을 하는 사람도 많아지고 있다. 직장을 다니며 투잡, 쓰리잡을 하는 사람들도 늘고 있다.

직장을 다니며 자기 계발하는 사람들은 어떻게 시간을 활용하는 걸까?

자기 계발을 위해 책을 보거나 자격증을 따거나 외국어를 배우기도 한다. 내가 아는 지인은 직장에 가기 전 영어학원에서 한 타임 수업을 들은 후 회사에 간다고 한다. 그리고 배운 것을 출퇴근 시간에 틈틈이 복습하고 퇴근 후에도 한 시간가량 공부한다고 한다. 투잡, 쓰리잡을 하는 사람들은 어떤가? 그들 역시 퇴근 후 시간을 활용한다. 지인 중 온라인 쇼핑몰을 운영하는 사람의 얘기를 들어봤다. 그는 퇴근 후 4시간가량 온라인 쇼핑몰에 시간을 할애한다고 했다. 그날 주문서를 확인하고 택배를 포장하고 운송장을 붙여 다음 날 출근하기 전 문 앞에 내놓기만 하면 택배기사가 물건을 가져간다고 한다.

이렇듯 우리는 평소에는 시간의 부족함을 느끼지만 각자 시간의 필요성을 느낄 땐 언제든 만들어낼 수 있는 게 시간이다. 나는 과연 시간을 어떻게 사용하는지 생각해보자. 아마 많은 이들이 아무 의미 없이 시간을 흘려보내고 있을 것이다. 책 읽기라는 목적이 있다면 시간은 어떻게든 만들 수 있다.

나의 꿈 친구들이 있다. 그들은 직장을 다니면서 일주일에 한 권 이상의 책을 읽어내는 사람이 대부분이다.

그중 한 사람은 중등 교사다. 그분의 블로그를 보면 일주일에 두 권 이상은 읽는 것 같다. 시험 기간에는 시험문제 출제로 그렇게 읽지는 못하지만,

정말 죽을 것 같아 시작한 독서가 삶을 바꾸었다

끊임없이 읽고 기록하고 있다. 일과가 힘들 텐데 왜 그렇게 책을 읽을까?

또 한 사람은 중등 보건 교사다. 이분은 새벽에 요가를 배우고 학교로 출근한다. 학교에서 짬짬이 책을 보고 퇴근해서는 텃밭에서 채소를 키우며 건강한 삶을 영위하고 있다. 2년 전 부동산 공부를 하신다고 들었는데 며칠 전 '임대사업자등록증'을 보여주셨다. 부의 파이프라인을 만들었다면서 기뻐하셨다.

다른 한 사람은 유치원 교사다. 그녀는 세 명의 자녀를 키우며 건강하지 않은 몸으로 자기 계발을 끊임없이 하여 책을 출간하여 작가가 되었다. 이분 역시 틈틈이 책을 읽고 지금의 작가라는 명함을 얻고 하루도 빠짐없이 블로그에 글을 올리고 있다. 지금도 성장 중이다.

또 한 분은 보험회사 교육 강사로 있으면서 자기 계발을 위해 제주도에서 서울을 주말마다 다녔던 분이다. 지금은 회사에서 자발적으로 일찍 출근하는 분들을 위해 독서 모임을 하고 있다. 이분 역시 작년에 책을 출간해 작가가 되어 강연도 하고 있다. 여전히 자기 계발에 박차를 가하고 있다.

마지막 또 한 사람을 소개하겠다. 이분은 척추가 안 좋아 직장을 다니지 못한다. 동네 아줌마들과 수다 시간을 과감히 버리고 도서관으로 가서 책 읽기를 즐긴다.

나의 꿈 친구들은 왜 유독 자기 계발을 위한 도구로 책을 선택했을까? 궁금하지 않은가? 나도 처음에는 그들이 이렇게 많은 책을 읽었는지 꿈에도 몰랐다. 으레 책을 좋아하고 글쓰기를 좋아하는 줄 알았다. 그런데 한 권 두 권 읽는 책이 늘어나면서 그 이유를 알게 되었다. 책을 읽을수록 깨달음과 지혜를 얻는 그 기쁨은 이루 말할 수 없을 정도로 행복했다. 여행하며 느끼는 그 즐거움과 견주어도 될 만큼 말이다. 그 기쁨을 알고 있었기에 그들이 책을 끊임없이 읽을 수 있었던 것이 아닐까?

멀리서 찾을 필요 없이 아이를 키울 때가 생각난다. 아들은 그렇게나 책을 좋아했다. 어릴 때부터 책을 장난감처럼 생각하며 놀았다. 책을 사주기 바빴고, 책값은 지출의 많은 부분을 차지했다. 부족하면 여러 군데 도서관에 가서 가족회원 카드를 다 동원했다. 한글책, 영어책 구분 없이 책을 일주일에 30권 이상씩 빌려줬던 기억이 난다. 내 할 일은 그렇게 아들 책을 구해주는 일이었다. 조그마한 아이가 몰입해서 재미있게 책 보는 모습이 기특하고 신기했다. 책이 주는 즐거움을 그 어린 나이에 알았단 말인가! 그때 내가 읽을 책도 같이 좀 빌려서 읽었더라면 내가 얼마나 성장했을까 아쉬움이 남는다. 그 당시 나는 아들 잘 키우는 게 내 임무라 생각했다. 친정 부모님도 더 많이 가르치지 못한 것에 항상 가슴 아파하셨다. 이제는 못 배운 것에 미련 갖지

정말 죽을 것 같아 시작한 독서가 삶을 바꾸었다

말고 아들 잘 키우라고 말씀하셨다. 나에게 투자하는 것보다 손주를 잘 키우는 것이 더 현명하다고 생각하셨던 것 같다. 아들 키우며 함께 성장해도 되는데 나는 왜 그때 책을 읽고 성장할 생각을 못 했는지 아쉬움이 남는다.

책 읽을 시간이 없다는 사람들에게 어떻게 시간을 관리하고 있는지 점검해보길 바란다.

하루 24시간 모든 이들에겐 같은 시간이 주어진다. 어떤 이는 항상 시간이 부족하다고 말한다. 그런가 하면 어떤 이는 같은 시간에 업무도 보고, 짬짬이 독서도 한다. 퇴근 후 아르바이트도 하고, 자기 계발을 위한 학원도 다니고, 독서도 한다. 어떤 이는 한 달에 책 한 권 읽을 시간이 없다고 하지만 어떤 이는 일주일에 한 권, 하루에 한 권 읽는 사람도 있다. 똑같이 주어진 하루를 당신은 여전히 다람쥐 쳇바퀴 돌듯 아무 생각 없이 보내는 건 아닌지 생각해봐야 한다.

하루 한 시간 투자가 1년 뒤, 3년 뒤 어떤 삶의 변화를 가져올지 상상해보길 바란다.

그 시간을 잘 활용한 사람들은 인생의 판이 달라져 있을 것이다.

02
약속 장소를 서점으로 잡아라

분명 당신에게 유익한 시간을 가져다줄 것이다

당신은 약속을 잘 지키는가? 우리는 매일 약속을 한다. 지금껏 살아오면서 한 번이라도 약속을 어긴 적이 없는지 돌이켜보자. 우리는 일상에서 참 많은 약속을 하며 산다. 자녀와의 약속, 업무적 약속, 부부 간의 약속, 친구와의 약속 등 많은 약속을 하며 살아간다. 그럼 약속의 사전적 의미는 무엇일까? 다른 사람과 앞으로의 일을 어떻게 할 것인가를 미리 정하는 것을 말한다.

그중에서 시간 약속을 한번 들여다보자.

약속을 지키지 않아 속상했던 적은 없는가? 나는 고등학교 때 지하철과

정말 죽을 것 같아 시작한 독서가 삶을 바꾸었다

버스를 타고 학교에 다녔다. 아침 시간은 정말 1분 1초가 아까운 시간이다. 5분이라도 더 자거나 머리를 좀 신경 써서 말리다 보면 버스를 놓칠 때가 종종 있었다. 그래서 고등학교 2학년 때부터 승합차를 대여해서 타고 다녔다. 그때도 어김없이 늦게 나오는 친구들 때문에 교문까지 치마 입은 채로 육상선수가 되어 힘껏 달렸던 기억이 떠오른다. 그렇게 간신히 지각을 면하면 헐떡거리는 가슴을 잡고 숨을 고르곤 했다. 친구가 얄미웠지만 나도 그런 적이 있으니 그냥 넘겼다. 등교 시간은 학생 주임 선생님이 몽둥이를 들고 지키고 있으니 악착같이 지키려고 애썼던 것 같다. 지금도 중요한 약속이거나 누군가 관리하고 수치화시킬 땐 우리는 긴장을 하고 그 약속을 지키려 한다.

그런데 친구와의 약속은 어떤가? 강제성이 없는 편한 관계에선 의외로 약속 시각이 정확히 지켜지지 않는 경우가 부지기수다. 『생각의 비밀』(황금사자), 『김밥 파는 CEO』(황금사자), 『알면서도 알지 못하는 것들』(스노우폭스북스)의 저자 김승호 회장은 가난한 이민자에서 자수성가한 4,000억대 거부(巨富)다.

『생각의 비밀』(황금사자)이라는 책을 통해 사업에 성공하고 싶다면 절대 약속 시각에 늦지 마라고 권고한다. 또 1분이라도 늦지 마라고 하며 약속을 변경하지 말라고도 당부한다.

그의 강연회에 참석하면 어김없이 물어보는 질문이 있다. 약속은 잘 지키는지, 새벽 기상을 하는지, 책을 읽으며 배움에 임하는지를 물어본다. 기본을 강조하신다. 일단 어떤 일에서든 성공할 수 있는 기본이 되어야 하기 때문이다. 살아가면서 1분이라도 늦지 않고 약속 시각을 지켜내는 것은 사실 의식하지 않으면 힘든 일이다.

나는 비 오는 날 차가 막힐 것을 예상하고 한 시간 일찍 준비해서 나갔는데도 30분 늦게 약속 장소에 도착한 적도 있다. 나름 비가 와서 1시간 일찍 여유를 두고 출발했는데도 말이다. 대중교통은 어떤가? 지하철은 정확히 시간 맞춰 오지만 만원이면 다음 전철을 타야 할 수도 있다. 버스는 어떤가? 만약 교통사고라도 발생하면 꼼짝없이 약속 시간을 지킬 수가 없는 상황이 벌어진다.

그럼 절대 약속 시간에 늦지 않는 방법은 없는 걸까? 약속 시각보다 한 시간가량 앞당기는 것은 어떤가? 아마 그렇게 말할 것이다. 바쁜 일상 속에서 한 시간이나 일찍 나가서 하릴없이 상대를 기다리는 것은 시간 아깝다. 또는 자존심 상한다고 말하는 사람도 있을 것이다.

남녀의 첫 데이트를 상상해보라. 다들 경험들이 있을 것이다. 어김없이 남자들이 30분 이상 일찍 나와 먼저 기다린다. 그때 그 남자는 어떤 모습인가? 시절이 70~80년대라면 신문을 보거나 책을 보며 기다리는 사람도 있었을 것이고, 입구 쪽 문을 하염없이 바라만 보고 상대를 기다리는 사람도 있었

정말 죽을 것 같아 시작한 독서가 삶을 바꾸었다

을 것이다. 유독 그땐 약속을 잘 지키는 매너 있는 남자로 보이려고 먼저 나와서 기다렸을 것이다.

　나에게는 약속을 칼같이 지키는 친구가 있었다. 그녀는 언제나 약속 장소에 먼저 와서 책을 보며 기다렸고, 만날 때마다 약속 장소를 서점으로 잡았다. 그전까지 약속 장소를 서점으로 잡은 경험이 없던 나는 좀 의아했지만, 서점에 볼일이 있나 보다 생각했다. 나는 서점을 둘러보며 여러 종류의 책들을 보고 있었다. 지루할 틈도 없었다. 책 속에 빠져 있었기 때문이다. 그녀는 나를 위해 책을 미리 선택하고 나의 모습을 지켜보고 있었다. 그렇게 책 선물을 받고 우리는 수다를 떨 장소로 이동했던 경험이 떠오른다.

　그땐 정말 신선한 경험이었다. 사람을 기다리면서 언제 오나 상대를 기다릴 필요도 없고, 시간 가는 줄 모르고 책 속에 빠져 있었던 그 시간이 참 행복했던 기억으로 남아 있다.

　책에 관심이 없어도 약속 장소를 서점으로 잡아보자. 그럼 어떤 일이 생길까? 아무리 책에 관심이 없다 하더라도 누군가를 기다리며 주위를 둘러보면 독서 삼매경에 빠진 사람들을 보게 된다. 그럼 어떤 생각을 하게 될까? '뭐가 저렇게 재미있나?' 하며 관심 가지게 된다. 예쁜 책 표지에 시선이 가게 될 것이다. 제목만 보더라도 이미 많은 책을 읽은 기분이 들어 뿌듯해지는 기분을 느낄 것이다. 그러다 궁금해지면 표지를 보고, 책장을 펼쳐보게 된다. 작가도 보고, 목차도 보게 되고 관심 있게 보려는 순간 상대가 나타난다. 그러면 보던 책을 구매하거나 다음 기회에 책을 구매하거나 빌려서 보게 될 것이다.

부모들은 자식이 책을 많이 읽기를 원한다. 정작 본인은 책을 보지 않더라도 말이다. 예로부터 훌륭한 사람들은 책을 많이 읽었다는 사실을 어렴풋이 알기 때문이다.

다른 사람 예를 들 필요 없이 나의 얘기를 하겠다. 나는 내 아이를 책을 좋아하는 아이로 만들기 위해 태교 때부터 책을 읽어줬다. 솔직히 나를 안 닮기를 바라면서 태교에 좋다는 불교 경전 『금강경』(황금사자)을 매일 읽었다. 뜻도 모른 체 그냥 읽으면 좋다고 해서 읽었다. 그런데 뜻은 아리송하지만 읽을수록 평안한 마음을 가질 수 있어 좋았던 것 같다. 아이가 태어나서는 영업사원의 말에 솔깃해서 거금을 들여 금성출판사에서 나온 한글과 영어로 된 전집을 사기도 했다. 그렇게 책을 가까이하는 환경을 만들어서인지 22개월에 이미 한글을 자연스럽게 터득하게 되었다. 아들은 책을 장난감 삼아 놀았고, 그렇게 주위의 부러움을 사며 잘 자랐다.

책을 가까이할 수 있는 환경이면 남녀노소 누구나 책을 좋아하게 된다. 성인이 된 우리는 의식적으로 도서관이나 서점을 찾지 않는 이상 책을 가까이하기가 힘든 세상이다. 내 주변에 책을 가까이하는 사람이 있다면 관심 가지

정말 죽을 것 같아 시작한 독서가 삶을 바꾸었다

기가 쉬워질 수 있다. 스마트폰이 등장하면서 책 읽기는 점점 더 멀어지고 있다. 스마트폰 속에 각종 유희가 너무 많으니 굳이 피곤하게 책을 볼 필요성을 느끼지 못하는 것이다. 하루 업무를 끝내고 피곤한 몸을 이끌고 집에 왔는데 책을 본다는 것은 스트레스를 더 받는 행위라 생각한다. 스마트폰 속의 활자를 보는 것은 피곤함을 느끼지 않지만, 종이책 속의 활자는 스트레스로 생각한다.

우리가 일부러 시간을 내어 서점을 가기란 어렵다. 독서광이라면 모를까 보통 사람은 1년에 몇 번이나 서점에 갈까? 서점에 가면 좋은 것이 뭘까? 의도적으로 책을 보는 방법에는 어떤 것이 있을까? 무엇보다 가볍게 접근할 수 있는 가장 좋은 방법은 바로 일상 속에서 종종 일어나는 약속 장소를 서점으로 정하는 것이다. 환경설정으로 약속 장소를 서점으로 정하면 여러 가지 좋은 점이 있다.

첫째, 앞서 말했듯이 약속 시각에 늦을까 봐 초조해하지 않아도 된다.
둘째, 여유롭게 나와 약속 시각을 지킬 수 있다.
셋째, 상대를 기다리며 버려지는 시간이 아니라 나의 내적 성장을 위해 도움을 주는 알찬 시간으로 만들 수 있다.
넷째, 요즘 사람들의 관심사와 흐름을 한눈에 알 수 있다.

이제 당신의 버려지는 귀중한 시간을 잘 활용하기 위해 약속 장소를 서점으로 잡아보길 바란다. 분명 당신에게 유익한 시간을 가져다줄 것이다.

03
일주일 한 권의 책 읽기는 가능하다

하루 한 시간 투자로 독서를 시작해보자!

직장인 일주일 한 권의 책 읽기가 가능할까? 직장 다니며 책을 꾸준히 읽는다는 것은 참 힘든 일이다. 업무가 끝나면 녹초가 되어버린 몸을 이끌고 집에 오면 긴장이 풀린다. 샤워 후 마시는 맥주 한 캔은 꿀맛 같다고 한다. 퇴근 후 집에 와서 시원한 맥주 마시는 맛에 산다고 말한다. 바로 내 남편의 말이다.

그는 퇴근 후 시원한 맥주 한잔하는 걸 좋아한다. 물론 때론 소주도 즐긴다. 가볍게 마시고 자야 잠이 잘 온단다. 같이 앉아 술친구가 되어주면 좋으련만 나는 평상시 술을 즐기지 않는다. 특별한 날을 기념하거나 와인 선물이

들어왔을 때 또는 좋은 장소에서 좋은 사람들과 분위기 있게 마시는 걸 좋아한다. 그래서 혼자 술 마시는 남편에게 때론 미안할 때가 있다. 내가 함께 마시는 날은 정말 기분이 좋을 때다. 퇴근 후 회식이 없거나 친구와의 약속이 없는 날은 어김없이 맥주 한 캔을 마셔야 그날의 일과가 끝이 난다. 돌아가신 시아버님이 술을 반주 삼아 한잔씩 하시곤 했다. 남편은 아버님의 아들이니 내가 말린다고 안 마실 사람이 아니다. 그러고 보면 시댁 식구들은 다들 술을 즐기시는 것 같다. 남편은 일주일에 3~4번은 그렇게 마시고 잠이 든다. 건강이 염려되어 줄였으면 좋겠는데 그것이 낙이라고 하니 과하게 마시지 않는 이상 요즘은 그렇게 말리지는 않는다.

퇴근 후 이렇게 술을 마시는 사람에게 어떻게 책에 관심을 돌리게 할까? 사실 나도 책을 좋아하는 사람은 아니었다. 본격적으로 책을 보기 시작한 것은 2년 전부터이다. 『생각의 비밀』의 저자 김승호 회장님의 강의를 듣기 위해 연락한 곳에서 자리가 이미 마감되었다는 소식을 듣게 되었고 그때 주인장의 카카오스토리에서 내 눈에 들어온 한 여인이 있었다. 그리고 그녀의 책을 사서 보기 시작한 것이 나를 여기까지 이끌었다. 조성희 작가의 『어둠의 딸, 태양 앞에 서다』(스타리치북스)를 통해 그녀의 삶을 보며 나도 고난을 이겨 내고 멋진 삶을 살아보고 싶다는 욕망을 가지게 되었다. 항상 무기력하게 살아온, 의욕 없는 내가 너무 싫었고 누가 나를 좀 일으켜 세워줬으면 좋겠다는 생각을 항상 하며 살았다. 조성희 작가를 통해 나 자신을 사랑하는 법

정말 죽을 것 같아 시작한 독서가 삶을 바꾸었다

을 알게 되었고, 매일 훈련을 통해 내가 성장하는 모습을 지켜볼 수 있었다. 진정 나를 사랑할 때 무한한 에너지가 발산됨을 체험할 수 있었다.

『놓치고 싶지 않은 나의 꿈 나의 인생』(국일미디어)의 저자 나폴레온 힐은 세계적인 성공학자이며 작가이다. 그의 책을 통해 잠재의식의 힘의 중요성도 알게 되었다. 『잠재의식의 힘』(미래지식)의 저자 조셉 머피 작가를 통해서도 내면의 힘을 이용한 무한한 가능성을 알고 용기를 얻었다. 웨인 다이어의 『확신의 힘』(21세기북스), 남경흥 작가 『허공의 놀라운 비밀』(지식과감성), 네빌 고다드의 『믿음으로 걸어라』(서른세개의계단) 등 의식에 관한 책을 통해 나도 잠재의식을 잘 활용하면 원하는 것을 다 이룰 수 있겠다는 희망과 용기를 얻게 되었다.

그렇게 나는 꼬리에 꼬리를 무는 독서 삼매경에 빠지는 경험도 하게 되었다. 내가 사서 보는 책들이 집에 쌓이기 시작했고, 책에 파고드는 아내가 신기한 나머지 남편도 관심을 보이기 시작했다. 본인도 책을 읽고 싶은데 어떤 책을 먼저 읽을지 모르겠다며 추천을 해달라는 것이다. 나로 인해 책에 관심 없던 남편도 책을 보기 시작했다.

온 집안이 책을 보느라 조용했다. 저녁밥으로 배를 채우고 나면 각자 소파, 식탁에 앉아 마음을 채우는 시간을 가졌다. 배를 채우는 기쁨보다 마음이 채워질 때의 행복감은 느껴본 사람만이 알 수 있다. 책을 보는 내내 행복했다. 행복을 책에서도 찾을 수 있었다. 책이 주는 이로움과 즐거움을 알면 아무리 몸이 피곤해도, 단 5분의 시간이 생겨도 책을 보고 싶은 마음이 생기게 된다.

2020년 3월 11일 MBC 뉴스에 우리나라 책 읽는 성인을 조사한 결과가 나왔다. 1년에 평균 7.5권, 2년 전보다 1.9권 감소한 것으로 나타났다. 책 읽는 인구가 왜 이렇게 줄어들까?

책보다 재미있는 다른 콘텐츠가 있기 때문이라고 한다. 학생들 역시 학교나 학원 때문에 책 읽을 시간이 없다고 한다. 많은 이들이 책을 읽지 않기 때문에 상대적으로 내가 책을 읽으면서 빠른 성장을 할 수 있다.

종종 지인들은 전화해서 안부를 묻곤 한다.

"요즘 뭐 하며 지내?"
"책을 좀 읽고 있어."

책을 본다고 하면 어김없이 신기하게 생각한다. 책 볼 시간이 있냐고! 본인들은 책 볼 시간이 없을 정도로 바쁘게 산다고. 오히려 책을 보는 나를 팔자 좋은 사람이라 말한다. 아주 한가한 사람으로 취급하기도 한다. 그럴 땐 그냥 웃고 넘긴다.

정말 죽을 것 같아 시작한 독서가 삶을 바꾸었다

'책이 얼마나 재미있고 유익한데 너는 그것도 모르지?' 속으로 말하고선 책을 보지 않는 상대가 안타까워 다시 말한다.

"너도 한번 읽어봐, 걱정 근심 잊어버릴 정도로 정신 건강에도 좋아!"

"에고, 뭐가 그럴까? 난 복잡한 거 싫어. 글자만 봐도 울렁거려."

"요즘 어떤 책 읽는데?"

"자기 계발서도 읽고, 에세이, 경제서 등등 다양하게 손 가는 대로."

"난 자기 계발서 같은 거 안 읽어."

'자기 계발서 같은 거라니…' 할 말이 없다. 나는 한 번 권해서 읽지 않으면 두 번은 얘기 안 하고 다른 소재로 넘어간다. 사실 전화 받는 시간도 나에겐 정말 소중한 시간이다. 용건만 말하고 끊었으면 좋겠는데 할 말들이 그렇게 많다. 자주 연락 안 하고 가끔 소식을 듣다 보니 내가 먼저 끊기도 미안한 상황이다. 이런 상황들은 좀처럼 얘기하기가 불편하다.

책과 친해지면서 의미 없이 버려지는 시간이 너무 아까웠다. 그 친구에겐 미안하지만 그게 내 솔직한 감정이다. 책을 읽지 않았을 때 친구가 오랜만에 전화 오면 기본 한 시간은 붙들고 있었던 것 같다. 그러면 남편은 잔소리한다. 무슨 통화를 그렇게 오래 하냐고, 전화를 해도 안 받아서 걱정했다고… 그럼 나는 이렇게 말했다.

"멀리 있는 친구와 오랜만에 통화되어 한 시간 수다 떨었는데 직접 만났으면 시간적 경제적으로 더 손해지."

그나마 전화통화 한 게 얼마나 다행이냐고 반문했다. 그랬던 내가 오래 통화하는 것을 시간 낭비라 생각하니 독서의 힘이 대단하지 않은가? 내가 한 말을 생각하면 웃음이 절로 나온다.

우리나라 성인은 한 달에 한 권도 책을 읽지 않는다는 통계가 있다. 한 달에 한 권도 읽지 않는데 일주일에 한 권을 과연 읽을 수 있을까? 독서의 중요성을 알고 습관만 들인다면 충분히 가능하다. 그럼 직장인들은 어떤 방법으로 일주일에 한 권의 책을 독파할 것인가?

먼저 책 한 권의 분량을 살펴보자. 보통 책 한 권은 200~400여 페이지 정도 된다. 독서 초보라면 가벼운 책부터 읽으면 부담이 줄어든다. 300페이지의 책을 일주일로 나누면 하루 평균 42페이지다. 30분~1시간이면 충분히 읽을 수 있는 분량이다. 하루 30분~1시간 어디에서 확보할까? 출퇴근 시간 대중교통을 이용한다면 일주일에 출퇴근 시간에만 한 권의 책을 다 읽을 수 있다. 직장에서 점심 식사 후 30분의 여유를 만들 수도 있고, 퇴근 후 잠자기 전 30분도 만들 수 있다. 마음만 먹는다면 하루 2시간은 독서 시간으로 확보가 된다. 그렇게 된다면 일주일 한 권뿐만 아니라 두 권, 세 권도 가능하다.

정말 죽을 것 같아 시작한 독서가 삶을 바꾸었다

그럼 주부들은 어떤가? 주부들은 하루 한 권 내지 이틀에 한 권도 가능하다. 단 마음을 먹어야 가능한 일이라 생각한다. 학생들도 학업량이 많아 책 읽을 시간이 없다고 하지만 점심시간이나 저녁 시간 이후 쉬는 시간만 잘 활용한다면 충분히 일주일 책 한 권 읽기는 가능하다.

일주일 책 한 권!
하루 한 시간 투자로 독서를 시작해보자!

04
책 읽기를 최우선 순위에 두라

책 읽을 시간은 지금도 없거니와 앞으로도 계속 생기지 않을 것이다

기숙사에서 돌아온 아이가 엉덩이가 아파서 앉아 있을 수 없다고 말했다. 무슨 일인가 했다. 사춘기로 예민해 샤워 후 옷을 다 입고 나오는 녀석이다. 얼마나 아팠으면 부끄러움을 무릅쓰고 나에게 엉덩이를 보이는가. 엉덩이 한쪽이 붉게 부풀어 올라 농이 차 있었다. 후끈후끈 열감도 느껴졌다. 그냥 두면 안 될 것 같아 바로 항문 외과로 갔다. 접수 후 기다리는 동안 오만가지 생각이 다 들었다. 그동안 아픈 걸 참아가며 온종일 의자에 앉아 공부한 아들을 생각하니 마음이 아팠다. 웬만하면 참는 성격인데 참다 참다 이제야 나에게 말한 것을 보니 많이 힘들었던 것 같다. 어릴 적부터 유난히 어른스

정말 죽을 것 같아 시작한 독서가 삶을 바꾸었다

러워 초등 1학년 땐 담임 선생님이 '선비'라는 별명까지 지어주셨다. 어릴 때부터 뭐든 알아서 척척 하다 보니 신경 쓸 일도 없었다. 그래서 둘째가 태어나기 전까진 많은 아이가 다 그런 줄 알았다. 그런 녀석이 사춘기가 시작되면서 나보다 아빠를 더 찾는다. 그럴 땐 많이 서운하다. 아프다고 나의 손길을 찾으니 반갑기도 한데 큰일이 아니기만 바랄 뿐이다. 의사 선생님이 보시더니 말씀하셨다.

"이 정도면 많이 힘들었을 텐데 어떻게 참았어?"
"그냥요."
"내일 당장 수술합시다! 염증이 아주 심한 상태예요."
"네? 그 정도인가요? 왜 이렇게 된 걸까요?"
"조금만 늦게 왔어도 고열로 큰일 날 뻔했어요."

진료실에서 나와 간호사의 설명에 따라 수술 전 검사를 하고 돌아왔다. 이 나이에 이렇게 염증이 잘 안 생기는데 이상하다고 하신 말씀이 괜히 찜찜했다. 아직 어려서 마취과 선생님을 따로 부르셨다고 특별 진료라는 말도 간호사가 덧붙였다. 원장선생님의 배려에 감사했다. 하지만 척추마취라 걱정은 되었다. 조금이라도 잘못 움직이면 큰일이기 때문이다. 그저 수술이 잘되기만 기도했다. 그리고 3개월이 지난 3월 또다시 재발하여 병원을 찾았다. 또다시 수술을 받아야 했다. 이게 무슨 일인가? 아들이 급기야 짜증을 냈다.

"왜, 나한테만 이런 일이 생겨? 친구들은 나보다 불량음식도 많이 먹는데. 아, 짜증 나."

"그나마 지금 일찍 알게 된 게 얼마나 다행이야. 수술하면 금방 좋아질 거야."

그렇게 수술을 했지만, 상처가 생각처럼 낫지 않았다. 이상한 생각이 들어 다른 병원을 찾아 피 검사, 위, 장 내시경 검사와 CT 촬영을 했다.

"천안에선 치료할 수 없습니다. 삼성서울병원으로 가세요. 의뢰서 적어드릴게요."

내시경 사진을 보는 순간 내 아이의 위, 장이 맞는지 더 확인하고 싶었다. 말로 표현 안 될 정도로 심각한 상태였다. 그 자리에서 아들도 나도 울고 말았다.

집으로 돌아오는 길 둘 다 아무 말을 안 했다. 어떤 말을 해야 할지 몰랐다. 아이에게 상처가 될까 조심스러웠다. 화가 난 아들은 방문을 쾅 닫고 자기 방으로 들어갔다. 고3이라 더 예민했던 것 같다. 미안했다. 다른 아이들에 비하면 안 좋은 음식도 많이 제한했다. 건강식 위주로 신경 써서 음식을 먹였다. 어릴 때부터 먹거리는 정말 신경 써서 먹여왔기 때문에 정말 속상했다. 한약은 잘 맞지 않아 안 먹으려고 했다. 어쩌면 그때부터 몸에 이상이 있었

정말 죽을 것 같아 시작한 독서가 삶을 바꾸었다

던 걸까. 밥을 먹고 나면 한두 시간 뒤 구토를 했다. 배가 아프다며 배를 움켜잡고 괴로워 우는 아들을 보면 속상하고 마음이 아려왔다. 점점 야위어 갈비뼈와 척추뼈가 도드라져 보였다. 그런 아들을 보고 있노라면 내 마음에 모든 에너지가 다 빠져나가는 것 같았다. 차라리 내가 아프면 더 좋으련만…. 미안하고 미안했다.

아들이 아프면서 나의 모든 생활이 아들에게 집중되었다. 모든 신경이 아들에게 맞춰져 있을 때 문득 이런 생각이 들었다. 속상하다고 한탄을 한들 누가 알아주나. 내가 아들의 병을 고칠 수 있는 게 아니라는 생각이 들었다. 치료는 병원에 가서 의사 선생님께 맡기면 된다. 내가 할 수 있는 것은 마음을 편안하게 가질 수 있게 해주는 것뿐이다. 아들이 안 보는 곳에서 울기도 많이 했다. 누가 툭 건들면 하염없이 눈물이 쏟아졌다. 병에 집중하면 한없이 나락으로 떨어질 것 같아 그러지 않기로 했다.

다시 정신을 차리고 책을 읽기 시작했다. 한결 마음이 진정되어 좋았다. 항상 내가 힘들 때 책은 이렇게 나의 마음을 달래주었다. 친구에게도 친정 부모님, 시어머님께도 말씀드리지 않았다. 고3이라 뒷바라지 잘하라고 신신당부하셨는데…. 요즘 코로나로 학교도 못 가고 학원도 안 보낸다는 말에 더 걱정이 된다며 자주 전화가 왔다. 그런 상황에서 더욱 말씀드릴 수가 없었다.

아들 앞에서 덤덤하려고 했다. 강한 엄마의 모습을 보여주려고 애썼다. 책에 집중하며 별일 아닌 듯한 내 모습을 보고 아들은 엄청 서운해했다. 순간 놀랐다. 이게 아닌가? 아들은 몸은 어른이지만 아직 어렸다. 엄마가 자기를 위해 옆에서 함께 걱정해주기를 원했던 것이다. 친구들에게도 위로받고 싶어 하는 눈치다. 나는 친구들에게 병명은 말하지 않았으면 했다. 주변 사람들이 동정심을 갖는 게 싫었다. 아들의 미래를 위해 더 꺼렸던 것 같다. 우리는 그렇게 한동안 말을 하지 않았다.

그러고 보니 나도 그런 경험이 있다.

첫 아이 출산하던 날, 아버지는 오시지 않았다. 그때 내심 서운한 마음이 들었다.

부모님은 제과점을 운영하신다. 그날 만든 빵을 많이 팔지 못하면 재고 처리가 고스란히 손해이기 때문이다. 워낙 성실하게 사셨던 분이라 하루도 거르는 일이 없으셨다. 최근에는 명절에는 하루 정도 매장문을 닫으신다. 두 분께서 함께 모임에 나가는 일도 집안에 큰 행사가 있는 경우다. 부모님은 제과점 일을 최우선 순위에 두고 일을 하셨기에 그 외 다른 일은 크게 생각하지 않으셨던 것 같다. 결혼한 나도 그때 서운했던 게 생각나는데, 아직 어린 아들은 오죽할까? 난 아직도 아들을 어른처럼 보는가 보다. 그때야 아들의 마음을 헤아릴 수 있었다. 아들은 아직 엄마의 따뜻한 사랑이 더 필요한가 보다. 더 보듬어야 함을 느꼈다.

정말 죽을 것 같아 시작한 독서가 삶을 바꾸었다

일상을 살아가며 크고 작은 일들이 매일 일어난다. 상황에 맞춰 그 일을 하다 보면 시간은 항상 부족하다. 그러다 보면 책 읽기는 아마 영원히 멀어질 것이다. 40여 년의 세월을 살아오며 내가 작게나마 깨달은 것이 있다. 이미 일어난 일에 내가 나서서 적극적으로 해결이 안 되는 상황에선 그 일에 집중하지 말자는 것이다. 당장 해결할 수 없는 일은 생각에만 잠겨 있다고 해결되는 것이 아니다. 지금 상황에서 내가 할 수 있는 일은 없다. 일어난 상황에 넋 놓고 있다간 다른 해결할 일들을 놓치기 쉽다.

책 읽기도 마찬가지다. 많은 이들은 숱한 일들 가운데 책 읽기를 우선 할 일이라 생각하지 않는다. 읽으면 좋고 못 읽어도 그만이라 생각한다. 그들은 독서가 주는 영향력을 모르기 때문이다. 우리나라 사람들의 독서 할애 시간을 보면 평균이라는 게 없다. 평균을 낼 수가 없다. 극단적으로 책을 많이 읽는 사람은 1년에 200권 이상 읽는 사람도 있지만 거의 읽지 않는 사람도 많다. 그래서 평균은 의미가 없는 것 같다. 일상의 주어진 일을 하다 보면 책 읽을 시간은 지금도 없거니와 앞으로도 계속 생기지 않을 것이다.

그러나 의식적으로 책 읽기를 최우선 순위에 두면 상황은 달라진다. 그날 할 일을 책 읽기로 최우선 순위로 두면 일과 중에 책이 머릿속에 계속 맴돌 것이다. 바쁜 일과로 책을 못 읽었을 경우 잠자기 전에라도 읽고 잘 것이고 아침 시간을 활용해서라도 읽게 될 것이다. 어떤 방법이든 찾게 된다. 다이어리나 스마트폰 일정표를 이용하는 방법도 권한다. 책 읽기를 최우선 순위로 생각하지 못했다면 지금부터라도 책 읽기를 최우선 순위로 두고 실천해보 길 바란다.

정말 죽을 것 같아 시작한 독서가 삶을 바꾸었다

05
시간의 가치는 사람마다 다르다

당신의 시간의 가치는 얼마인가?

서둘러 아이들을 유치원에 보내고 나니 한 통의 전화가 왔다.

"자기야, 오늘 별일 없으면 내가 점심 사줄게."

"응? 무슨 일 있어?"

"나 백화점 볼 일 있는데, 같이 가자."

"어… 잠시만."

"왜? 별일 없으면서 또 바쁜 척한다."

"그래, 갔다 오지 뭐."

난 오늘도 나를 위한 시간이 아니라 남의 인생을 위해 시간을 사용해버렸다. 친구가 쇼핑하는 동안 그냥 따라 다니며 구경했다. 물론 점심은 한 끼 얻어먹고 왔지만 유쾌하지만은 않았다. 미처 하지 못한 일이 나를 기다리고 있었기 때문이다. 세탁기에 돌리지 않은 빨래며, 아침 먹고 난 설거지가 싱크대에 그대로 쌓여 있었다. 지친 몸으로 나의 일을 다시 해야만 했다. 아이들이 유치원에서 오기 전까지 일을 끝낼 수 있을까? 마음이 분주해졌다. 공짜 밥이 내 시간을 빼앗고 몸을 더 피곤하게 만든 셈이다. 돌이켜보면 사실 이런 일들이 오늘 하루뿐이겠는가.

새 학기가 시작되고 중간고사를 치르고 나면 학부모들에게 전화가 종종 온다. 몇 년을 겪어서 어떤 의미로 전화를 하는지 잘 알고 있다. 나는 학부모들을 만나고 나면 그리 유쾌하지 않다. 그들의 의도를 알고 있기 때문이다. 나는 그들의 삶이 궁금하지 않다. 그런데 그들은 나의 삶이 왜 그리 궁금한지 자꾸 파고든다. 시간이 없다고 둘러대지만, 그것도 한두 번이지 몇 번을 사양하다 약속 장소로 나가게 된다. 그럼 어김없이 자기 남편 자랑부터 시댁 얘기까지 줄줄이 나온다. 다들 자랑할 곳이 없어 나를 만나는 것 같다. 내 주변엔 다들 그렇게 결혼 잘해서 잘사는 사람들뿐이다.

그런 다음 만남의 목적이 훅 들어온다. 우리 집안 조사에 들어간다. 남편은 뭐 하냐? 어디 다니냐? 시댁 경제적 상황까지 물어본다. 질문의 의도가

정말 죽을 것 같아 시작한 독서가 삶을 바꾸었다

뭘까? 그리고 아들에 대해 집중적으로 묻기 시작한다. 정말 피곤하다. 도대체 왜 그럴까? 그러면서 어디 학원 다니는지 궁금해한다. 아들의 공부 형태를 알고 싶은 거다. 몇 년을 이런 시간을 보내다가 고등학교를 보낸 이후로 학교에 관심을 안 두기로 했다. 아들이 무심하다 할 정도로 관심을 끊었다.

사람이 남의 삶에 관심이 많은 이유는 뭘까? 본인의 시간을 줄여 실질적일 정보를 알고 싶은 걸까? 지금에 와서 생각해보면 그들은 나와 친해지기보다 쉽게 정보를 얻고 싶었던 게 아닐까? 그땐 당연히 내가 알고 있는 것을 얘기해줘도 된다고 생각했다. 거절하면 상대가 무안해할까 봐 그러질 못했다. 지금 와서 생각해보면 굳이 만나지 않아도 말하지 않아도 될 일이다.

만나고 싶지 않은 사람을 만나 정보를 전달하고 돌아오면 항상 허탈했다. 꼭 뭔가를 얻기 위해 만남을 갖는 것은 아니지만 난 관심 없는데 그들의 요구를 들어주기 위해 나갔기 때문이다. 그냥 그 아까운 시간을 버리고 있었던 것이다. 책을 통해 내가 얼마나 어리석은 행동을 했는지 깨닫게 되었다. 어쩜 나 역시 내 시간의 소중함을 몰랐던 것을 반성한다.

여러분의 시간은 제한되어 있습니다.
그러므로 다른 사람의 인생을 사느라고 시간을 낭비하지 마세요.
– 스티브 잡스

스티브 잡스의 말처럼 한정된 시간을 낭비하며 살고 있는지 점검해볼 필요가 있다. 책은 그동안 어떻게 살아왔는지 말해주었다. 무심코 생각 없이 아무렇게나 써버렸던 시간이 아깝게 느껴졌다. 인생의 남은 반을 바라보는 시점에서 이제는 남의 인생을 살지 않기로 마음먹었다. 그들의 시간이 소중하듯 내 시간은 나를 위한 시간으로 사용하기로 마음먹었다. 타인을 위한 시간이 아니라 오롯이 나에게 집중하며 나의 성장을 위한 시간을 보내야 한다. 삶을 살아가는 데 가장 중요한 것은 남을 챙기는 것이 아닌 나를 돌보는 것이다.

지금 이 책을 읽고 있는 당신은 어떤 삶을 살고 있는가?

나처럼 남의 인생을 사느라 시간을 허투루 쓰고 있진 않은가? 누구에게나 평등하게 주어지는 하루 24시간. 돈으로도 살 수 없는 소중한 시간이다. 좀 더 인간다운 삶을 위해, 풍요로운 삶을 위해 우리는 힘들게 번 돈을 사용한다. 인간다운 삶이란 어떤 삶일까? 좀 더 풍요로운 삶을 위해 시간을 어디에 어떻게 사용해야 할까?

첫째는 출산 후 조리원에서 3주 정도 몸조리를 했다.

둘째 때는 일주일 병원에서 지내다 시어머니께서 3·7일 정도 집에 오셔서 몸조리를 도와주셨다. 한 달이 지난 후 혼자 신생아를 돌봐야 했다. 그때 도우미를 불렀다. 집 안 청소며 설거지, 빨래, 화장실 청소, 반찬까지 부탁하면

정말 죽을 것 같아 시작한 독서가 삶을 바꾸었다

다 해주고 가셨다. 덕분에 갓난아기와 나에게 온전히 집중할 수 있었다.

요즘은 한 번씩 손 세차를 맡길 때도 있다. 나보다 훨씬 깨끗하게 세차를 해준다. 또 아파트까지 와서 세차를 해주는 서비스 업체도 있다. 정리정돈을 해주는 업체도 있다. 바쁜 사람들은 돈으로 시간을 사는 셈이다. 지금보다 더 여유로워진다면 돈으로 시간을 살 수 있는 것은 다 사고 싶다. 원고를 편안하게 쓰고 나에게 집중하는 시간을 만들기 위해서. 또 소중한 사람들에게 더 집중하기 위해서 말이다.

다음은 시간의 가치를 말해주는 명언들이다.

시간은 인간이 쓸 수 있는 가장 값진 것이다.
- 테오프라스토스

승자는 시간을 관리하며 살고, 패자는 시간에 끌려 산다.
- J. 하비스

지나간 시간은 되돌릴 수 없다.
- 베르길리우스

가장 바쁜 사람이 가장 많은 시간을 갖는다. 부지런히 노력하는 사람이 결국 많은 대가를 얻는다.

- 알렉산드라 피네

변명 중에서도 가장 어리석고 못난 변명은 '시간이 없어서'라는 것이다.

- 토머스 에디슨

그동안 나는 가장 어리석고 못난 변명을 하고 산 셈이다. 시간이 없다는 말을 달고 살았으니 말이다. 인간이 쓸 수 있는 가장 값진 시간, 되돌릴 수 없는 시간, 누구에게나 평범하게 주어진 이 시간을 당신은 어떻게 사용하고 있는가? 시간의 가치를 알고 조금이라도 젊었을 때 소중하게 사용한다면 얼마나 좋을까? 나 역시 시간의 가치를 무수히 듣고 자랐지만, 지금처럼 가슴 깊이 느낀 적은 없었던 것 같다. 지나간 시간에 후회하느라 현재를 소홀히 하는 어리석음은 범하지 않았으면 한다.

2020년 1월 2일자의 OBS 월드 뉴스에 의하면, 지난해 이베이에서 가장 비싸게 팔린 품목은 '투자의 귀재' 워런 버핏과의 점심 참여권이었다. 점심 식사권은 456만 7,888달러, 우리 돈으로 환산하면 52억 9천만 원이다. 대단하지 않은가?

정말 죽을 것 같아 시작한 독서가 삶을 바꾸었다

많은 돈을 내고 버핏과 점심을 하고 싶은 이유가 뭘까? 다들 짐작할 것이다. 버핏이 살아오며 경험한 투자에 대한 조언을 듣고 싶은 것이 아닐까? 버핏의 경험과 시간을 돈을 내고 사고 싶은 것이다. 우리가 버핏과의 점심을 함께할 가능성은 아주 희박하다. 그럼 우리는 무엇을 할 수 있을까? 다양한 분야의 성공자들을 가장 저렴한 돈으로 만날 수 있다. 시간과 그들의 경험을 독서를 통해서 사는 것이다. 이제 주어진 시간을 어떻게 활용할 것인가는 당신의 선택에 달려 있다.

당신의 시간의 가치는 얼마인가?

당신은 당신의 시간을 팔 수 있는가?

부자는 시간을 허투루 쓰지 않지만 가난한 사람은 시간을 아무렇게나 쓴다.

06
잠자기 전 30분 독서 타임을 활용하라

짧은 시간 독서 효과를 극대화시키는 방법이다

대부분의 예비 엄마들 또는 갓 출산한 산모들, 즉 육아하는 부모들은 아이가 책을 좋아하기를 바란다. 그래서 태교 때부터 그동안 안 읽던 책을 읽기 시작한다. 바로 나의 이야기다. 아이가 있는 집에서 많이 볼 수 있는 광경이 책과 책장이다. 아이가 어린 집일수록 책이 없는 집이 없을 정도다. 글을 모르는 아이를 위해서 소리 내어 책을 읽어준 경험들이 다 있을 것이다. 그 때 누가 가르쳐주지도 않았지만 잠들기 30분 전 아이도 책을 들고 와서 이불 속으로 들어간다. 읽고 싶은 책을 엄마에게 맡기면서 말이다. 초등학교를 들어가면서 학년이 높아질수록 책과는 거리가 멀어진다. 지금도 책 읽기를

정말 죽을 것 같아 시작한 독서가 삶을 바꾸었다

유지하는 집이 과연 얼마나 될까?

우리는 누가 가르쳐주지 않았지만 자연스럽게 자기 전 책을 읽으면 좋다고 생각해왔다. 영화에서 아이들이 자기 전 부모가 책을 읽어주면 잠드는 모습을 많이 봐 왔다. 아이들이 어릴 때 동화책 한 권만 읽어주고 재우고 싶었지만 계속 책을 들고 왔다. 기력이 되는 날은 10권 이상도 읽어주지만 피곤할 땐 한 권도 힘들 때가 있었다. 그땐 아이의 미래를 위해 힘들어도 책을 읽어주었다.

책을 많이 읽으면 인지 발달과 함께 사고력이 향상된다는 것을 우리는 알고 있다. 하지만 학년이 높아질수록 책과 가까이하는 시간이 줄어든다. 어릴 땐 그렇게 재미있던 책이 갑자기 손에서 멀어진 이유가 뭘까? 이런 일이 비단 우리 아이들뿐이겠는가? 많은 가정에서 볼 수 있는 모습이다. 어른들은 또 어떤가? 우리 주변엔 책보다 더 재미난 것의 유혹이 많다. TV, 영화, 게임, 만화책, 노래방, 야외 활동 등 집 밖으로만 나가도 놀 거리는 즐비하다.

난 책을 보여주기 위해 들고 다녔던 것 같다. 대학 때부터 줄곧 그랬던 기억이 있다. 물론 지하철에서 짬짬이 읽다 보면 감명 깊은 책을 간혹 찾기도 했지만, 버스든 지하철이든 타고서 책만 펼치면 집중이 안 되어 책장을 덮었던 기억이 난다. 그래서 나중에는 시집을 보기도 했다. 한참 감수성이 예민

할 때라 류시화 시인의 『그대가 곁에 있어도 나는 그대가 그립다』(푸른숲) 등 가벼운 시집을 자주 들고 다녔던 기억이 난다. 그때 이후로 시집을 사본 기억이 없는 것 같다. 요즘같이 정신없이 돌아가는 바쁜 일상 중에 시를 보면 마음의 여유와 평온함을 맛볼 수 있을 것 같다.

바쁜 일상에서 의식을 하지 않으면 책 읽기는 멀어지기 마련이다. 그럼 어떻게 책 읽기를 지속할 수 있을까? 좀 더 효율적인 방법은 없을까? 일과를 마치고 집으로 돌아오면 지친 몸으로 책을 본다는 게 생각처럼 쉽지만은 않다. 매일 30분의 시간이라도 확보한다면 책 읽기는 가능하다. 당신은 잠자리에 들기 전 어떤 일을 하다가 잠이 드는가? 아마 눈감기 직전까지 손에서 스마트폰을 놓지 않을 것이다. 스마트폰으로 뉴스, 연예 기사, 유튜브를 보다 잠드는 경우가 종종 있을 것이다.

퇴근 후 씻고 어김없이 침대 위로 올라간다. TV 리모컨을 찾고, 보고 싶은 채널을 맞추고, 스마트폰을 켠다. 동시에 두 화면을 보기 시작한다.

"TV 안 볼 것 같으면 하나는 끄시지요."

"둘 다 보는데요."

"소리를 줄이시오. 옆방에 아들 공부 중…."

그렇게 TV의 볼륨은 작아진다. 매번 남편의 모습을 보면 안타깝다. 피곤해하는 남편에게 책을 권유하는 것도 미안하다. 피곤하면 내일을 위해 그냥 잤으면 좋겠는데 습관적으로 보는 스마트폰 때문에 눈의 피로도는 상당하다. 정작 본인은 그렇게 생각하지 않는다. 책을 보는 건 온 신경을 써야 한다 생각한다. 어찌 보면 스마트폰으로 인해 우리 눈이 더 혹사당하고 있다는 걸 왜 모를까? 회사에서도 하루 종일 노트북으로 일을 하고, 업무상 스마트폰을 눈에서 떼지 못할 것이다. 그로 인해 요즘 눈 건조증을 호소하며 눈 영양제까지 직접 온라인으로 주문한다. 그 정도면 오죽 답답했을까 짐작이 간다. 비단 우리 집만의 일은 아닐 것이다.

스마트폰 대신 책을 보는 건 어떨까? 잠자기 30분 전 활동은 잠재의식에도 영향을 미친다. 잠재의식은 우리가 잠자는 동안에도 깨어서 일한다. 의식적으로 잠자기 전 30분을 활용해서 중요하고도 꼭 기억해야 하거나 해답을 찾고 싶을 때 잠재의식을 활용하는 경우가 많아지고 있다. 좋은 책을 읽고 잠자는 동안에 우리의 의식에 새겨진다면 30분의 독서가 큰 효과를 내게 될 것이다. 일상의 정보를 보며 그냥 시간을 흘려보내는 것보다 나의 성장을 위해 하루 30분 책 읽기에 도전해보는 건 어떨까?

흔히 우리는 잠을 청하고 싶을 때 책을 보라고 한다. 그 많은 많은 사람들의 기억 속에는 책을 보면 잠이 오는 기억들이 있기 때문이다. 책이 재미가 없어서일까? 책에 흥미를 들이지 못한 사람들에겐 있을 수도 있지만 꼭 그렇지만은 않다. 잠자기 직전은 우리의 의식이 현재 의식에서 잠재의식(무의식)으로 넘어가는 시점이라 의식이 뚜렷하지는 않기 때문이다. 또 하루의 피로가 몰려 집중도가 떨어진다. 그래서 억지로 잠을 청하고 싶을 때 책을 보면 자연스럽게 잠을 불러들이게 된다.

잠자기 전 30분을 독서 시간으로 고집하는 이유가 있을까?

일본 작가 다카시마 데쓰지의 『인생을 바꾸는 공부혁명 잠자기 전 30분 공부법』(아이콘북스)에서 저자는 뇌에서 기억을 관장하는 해마가 자료 정리를 하는데, 최근에 들어온 자료는 중요하게 인지한다고 한다. 즉 잠자기 전 새로 들어온 정보는 중요하게 취급한다고 한다.

잠자기 전 30분은 책 읽을 시간이 없는 사람들에게 짧은 시간 독서 효과를 극대화시키는 방법이다. 또 잊지 않고 독서 습관을 잡는 데 도움이 되는 셈이다. 잠자기 전 30분! 학창 시절 시험 전날 벼락치기 경험이 있을 것이다. 벼락치기 다음 날 반짝 기억이 나는 경우도 뇌의 재고 정리 과정에서 최신 정보를 중요하게 생각하기 때문이다.

책을 꾸준하게 읽기 위해서는 습관을 갖는 것이 무엇보다 중요하다. 한 가지 습관이 자리를 잡기 위해서는 잠복기를 거치는 데 최소 21일간의 훈련이 필요하다고 한다. 당장 오늘 밤부터 30분의 독서 시간을 가져보는 건 어떤

정말 죽을 것 같아 시작한 독서가 삶을 바꾸었다

가? 꼭 30분이 아니더라도 좋다. 15분, 20분도 좋고 읽다 보면 재미있는 책은 한 시간을 훌쩍 넘길 수도 있다. 꾸준히 한다면 독서 습관 잡기는 이미 성공한 셈이다.

이제 시간이 없어서 책 읽을 수 없다는 말은 하지 말자. 누군가 변명을 할 때 어떤 이는 잠자기 전 30분 독서 타임으로 성장하고 있음을 기억하자. 하루 중 잠자기 전 30분만 독서에 투자해보자. 지금 당장 책을 들어라. 30분 타이머를 맞추고 책에 집중해보자. 하루하루 기록해서 한 주만 실천해보자. 분명 가능함을 알게 될 것이다.

07
집중력을 높이는 아침 독서를 활용하라

집중력과 시간 활용을 최적화하는 황금 같은 시간이 될 것이다

"학교 갈 시간 됐다. 얼른 일어나라."

"엄마, 조금만 더 5분 뒤 깨워줘…."

"지금 안 일어나면 밥도 못 먹고 지각이다."

"아, 학교 가기 싫다… 잠만 푹 자고 싶어."

"밥 먹을 거야? 빵 먹을 거야?"

"빵!"

우리 집 아침 풍경이다. 7시부터 7시 반까지 아이들을 깨운다. 발을 간지럽

정말 죽을 것 같아 시작한 독서가 삶을 바꾸었다

히다 안 일어나면 큰소리를 지르기도 하고 미스트를 얼굴에 뿌리기도 한다. 녀석들 밤늦게 잠자리에 드니 아침에 못 일어나는 것은 당연지사다. 시험 기간엔 아이들 깨우는 것은 더 힘이 든다. 아직 끝내지 못한 공부를 하느라 벼락치기로 2, 3시가 넘어 자기도 한 날은 꿈나라에서 헤어나오질 못한다. 꿈에서 씻고 밥을 먹고 있었다나. 그렇게 말하는 아이들을 보면 참 안쓰럽다. 늦게 자고도 아침에 일찍 깨워달라 요구한다.

"잠자는 동안 밤 사이 공부한 게 머리에 저장된다."라고 말하며 실랑이를 벌이다 결국 본인이 한 시간 일찍 일어나 공부하고 있다. 그 모습이 기특하기도 하고 미리미리 준비 안 했던 녀석이 안타깝기도 하다.

아이들을 보며 나의 학창 시절을 떠올리곤 한다. 부모님은 원래 잠이 없었을까? 젊은 날에는 새벽 4시에 일어나시는 날도 많으셨다. 지금도 바쁘실 땐 여전히 새벽에 일어나신다. 지금껏 늦잠 주무시는 모습을 본 적이 없다. 본인이 워낙에 부지런하시고 행동이 빠르셔서 딸들이 게으름 피우거나 늦잠 자는 것을 매우 싫어하셨다. 아버지 눈을 피해 어떻게 잠을 더 잘지 그 궁리만 했던 기억이 난다.

우리 집은 딸부잣집이다. 각자 자기 일을 하고 있다가도 아버지 발소리만 들리면 후다닥 책상으로 가서 공부하는 척했던 추억이 떠오른다. 아버지는 방에 들어오셔서 매의 눈으로 공부 안 하는 놈을 찾았다. 공부하는지 딴짓을 하고 있는지 방 청소 상태는 어떤지 점검을 하셨다. 엉뚱한 짓을 하다 미처 아버지가 들어오는 소리를 못 들었을 땐 아버지와 눈을 마주치곤 불려갔다.

"나는 누구라도 공부 안 하면 일 시킨다!"

단호했던 아버지 말씀이 생생하다. 그렇게 우리는 돌아가며 제과점 일을 도왔다. 따끈한 빵이 나오면 비닐에 예쁘게 포장하거나 가게 청소를 하고 손님을 맞았다. 그날 가게를 보다가 김이 모락모락 나는 따끈한 옥수수 식빵이나 밤 식빵이 갓 구워져 나오면 아버지 몰래 집으로 가져왔다. 우리끼리 방에 둘러앉아 몰래 숨어서 텔레비전 보며 뜯어 먹던 빵은 정말 꿀맛이었다. 지금도 우리는 친정에 모이면 그때를 회상하며 웃음 짓는다.

아버지는 본인이 공부할 여력이 못 돼서 자식들은 공부를 잘 시키고 싶어 하셨다. 아버지가 하루 30분이라도 독서할 여유가 있었다면 어땠을까? 일하시기 전 20분이라도 독서를 했다면 지금의 모습은 어땠을지 상상해본다. 조금이라도 쉬는 시간이 생기면 어머니는 피곤해서 눈꺼풀이 내려앉았다. 열심히 살아오신 아버지 어머니께 감사드린다. 자식이 많아 쉼조차도 사치였을 부모님께 죄송한 마음뿐이다. 참 아쉬움이 많이 남는다.

정말 죽을 것 같아 시작한 독서가 삶을 바꾸었다

부모님이 아침형 인간으로 사셨기에 대가족이 밥을 먹고살 수 있었던 것이리라. 분명 부모님의 삶은 완벽하셨지만 쉼 없이 오롯이 가족을 위해 헌신한 삶에 가슴이 미어진다. 자식이 많아 여유 부릴 마음은 생각할 수도 없었을 것이다. 새벽부터 일찍 일어나 일을 하시는 부모님 모습을 보며 '난 저렇게 안 살아야지.' 다짐했다. 무엇보다 잠이 많은 나는 도저히 새벽부터 늦은 밤까지 계속되는 일을 감당할 수 없었기 때문이다. 그래서 '아침형 인간'은 아무나 하는 게 아니라는 생각에 도전할 생각을 하지 않았다. 솔직히 말하면 편하게 여유를 가지고 자유롭게 잘 살고 싶었다.

결혼하고 첫 명절을 보내기 위해 시댁에서 잠을 잤다. 나는 워낙 예민해서 남의 집에서 잠을 자면 새벽까지 뒤척이다 늦게 잠이 든다. 그날도 형님과 술 한잔하고 자정이 넘어 1시가 다 되어갈 때 잤다. 잠이든 지 얼마 안 된 것 같은데 밖에서 달그락거리는 그릇 소리에 잠이 깼다. 더 자고 싶지만 일어나야 한다. 너무 힘들었다. 옆에서 자고 있던 남편이 내가 일어나지 않고 있으니 나를 깨웠다. 나도 알고 있는데 몸이 말을 안 들었다. 결혼하고 아버지 눈치 안 보고 잠을 실컷 잘 수 있었던 것이 제일 좋았다. 부모님은 잠이 많지 않은데 난 왜 이렇게 잠이 많은 걸까? 나도 아침형 인간으로 살고 싶은데 좀처럼 힘이 든다. 어릴 때부터 허약하고 병치레를 많이 했다고 들었다. 병원과 한약은 달고 살았던 기억이 난다. 태어나 1년쯤 되었을 때 죽을 고비도 넘겼다고 한다. 우리 집에서 유독 나만 허약했다. 그래서 공부를 좀 할라치면 부모님은 일찍 자라고 하셨다. 공부 그만해도 된다고. 난 어쩜 그 말을 진짜로 믿었던 것일까? 좀 더 도전하지 못했던 행동에 아쉬움이 남는다. 잠이 그렇게 쏟아졌던 학창 시절이 기억 속에 남아 있다. 이런 내가 아침형 인간이 되기란 너무 힘이 드는 일이다.

그런 내가 2018년 7월부터 본격적으로 새벽 기상을 시도했다. 작심삼일은 나를 두고 하는 말이다. 3일에 한 번씩 계속 계획과 수정을 반복 점검하면 오히려 더 좋은 결과를 낳는다고 생각한다. 그동안 힘들었던 마음을 달래고 싶어 책을 읽었다. 성공한 사람의 대부분은 아침형 인간이다. 아침에 일찍 일어나는 습관만으로도 성공자로 가는 첫발을 디딘 것으로 생각한다.

왜 아침 독서가 좋을까? 딴짓을 가장 안 하게 되는 시간이 아침 시간이다. 솔직히 낮 동안 우리를 집중 못 하게 하는 요인들이 너무 많다. 손에서는 스마트폰이 잠시도 떨어질 기미를 보이지 않는다. 휴일도 마찬가지다. 아이가 질문하는 것도 못 들을 정도로 푹 빠져 있다. 그게 비단 나만의 일은 아닐 것이다. 내 일에 집중하다 정신을 차리고 아이한테 가면 아무 일도 없었다는 듯 태연하다. 순간 아이의 말에 관심을 가지지 못한 나를 질책한다.

아침 독서가 시작되었다. 내 삶에 변화가 시작된 것이다. 그러고 보면 자기계발서나 성공학 저서를 보면 '아침형 인간'이 되라고 말한다. 아침 시간 활용이 성공자들의 습관인 것이다. 내 삶을 바꾸기 위해 성공자들의 습관을 하

정말 죽을 것 같아 시작한 독서가 삶을 바꾸었다

나씩 배워나가기로 했다. 새벽 5시 기상은 처음에는 힘이 든다. 하지만 일어나서 바로 양치하고 세안하면 잠이 깬다. 물을 마시고 명상하고 책을 보기 시작한다. 깜깜한 새벽의 소리를 들어본 지 오래되었다. 귀뚜라미 소리도 정겨웠다. 새벽의 고요함이 일찍 일어난 나에게 주는 선물 같았다. 뿌듯함도 밀려왔다. 나도 아침형 인간이 가능하다는 사실에 감사했다.

내가 아는 L 작가님은 새벽에 일어나 원고를 집필하신다고 한다. 새벽 시간이 집중도 잘되고 영감이 잘 떠오른다고 하셨다. 한 번 집필을 시작하면 아침도 거르시고 하루 한 끼만 드시면서 몰입하신다고 하셨다. 배고픔도 모를 정도로 몰입을 경험하시는 것이다. 새벽 시간을 얼마나 잘 활용하는가를 보면 그 사람의 미래를 짐작할 수 있다.

아침을 일찍 시작하면 하루가 길게 느껴진다. 확실히 아침 시간은 오후 시간보다 3배의 효율성을 지니는 게 맞는 것 같다. '아침형 인간'은 '저녁형 인간'보다 몇 배의 시간 혜택을 누린다. 아직 아침 시간을 활용해보지 않았다면 평상시보다 30분이든 1시간이든 일찍 일어나보길 추천한다. 책 읽을 시간이 없는 사람들에게 아침 독서는 집중력과 시간 활용을 최적화하는 황금 같은 시간이 될 것이다.

정말 죽을 것 같아 시작한 독서가 삶을 바꾸었다

• PART 2

나를
성장하게 하는
책 한 권의 힘

01
책 읽기는 모든 공부의 시작이다

책이 한 권씩 늘어날수록 판단력과 사고력의 폭은 넓어진다

한 아이가 엄마를 그리워하며 멀리 교각 위 달리는 자동차만 하염없이 바라본다. 오랫동안 기다리다 지쳐 할머니와 잠자리에 들기도 한다. 너무 내성적이라 할머니한테 '엄마 보고 싶어요.'라고 말도 못 하는 6살 여자아이. 할아버지가 일찍 세상을 떠나서 할머니는 홀로 계신 지 오래다. 그런 할머니의 말동무가 되어주길 바랐던 부모님은 돌아가며 딸아이를 시골에 두고 왔다.

"할미, 아랫마을 잔칫집에 갔다 올게. 집 잘 지키고 있으라."

"네…"

"올 때 이바지 음식 갖고 올게."

대답은 '네'라고 했지만 혼자 있을 생각을 하니 너무 무서웠다. 아마 오후 5시쯤 되었을 때였다. 갑자기 뒷산에서 소들이 떼 지어 우르르 몰려 내려오는 소리가 들렸다. 가슴이 콩닥콩닥 뛰기 시작했다. '제발 집으로 들어오지 않게 해주세요.' 평소 하지 않던 기도까지 했다. 아이의 기도가 먹히지 않았다. 여러 마리의 소가 떼를 지어 할머니 집 앞마당으로 들어왔다.

그 순간 부엌 옆 작은방으로 달려갔다. 둘둘 말린 채 세워져 있는 여름 돗자리를 펼쳐서 자신의 몸을 감싸고 숨죽이며 있었다. 부엌으로도 들어오는 소리가 들렸다. 쿵쿵거리며 먹을 것을 찾는다. 부엌문이 열려 있어 소와 눈이 마주칠까 두려웠다. 눈을 감고 얼마나 숨죽여 있었던지 그날을 나중에까지도 생생히 기억하고 있다.

바로 나의 이야기다. 당시 나를 홀로 두고 간 할머니가 너무 미웠다. 엄마, 아빠가 보고 싶었다. 어린 시절 그리움이 내 안에 잠들어 있다. '할머니 말 잘 듣고 있으면 데리러 온다 했는데…' 지금 생각해보면 말을 잘 들어야 엄마랑 같이 살 수 있으니 고분고분 말없이 보냈던 것 같다. 유독 온순하고 말 잘 듣는 둘째, 셋째, 다섯째만 돌아가며 시골 생활을 했다. 일을 야무지게 잘하는 둘째 언니가 제일 오래 있었다.

정말 죽을 것 같아 시작한 독서가 삶을 바꾸었다

부모님은 일하며 다섯 아이를 돌보기가 힘들었을 것이다. 지금은 그때의 부모님 심정을 알 것 같다. 내 어린 시절 할머니 집에는 책 한 권 없었다. 책이라곤 군대 간 막내 삼촌이 공부했던 깨알 글씨 크기의 책뿐이었다. 글자를 모르는 할머니와 함께해서 한글을 완벽히 깨치지 못한 채 초등학교에 들어갔다. 그때의 자존감은 완전 바닥이었다. 동생들은 유치원에서 한글을 자연스레 배웠다. 사실 우리 동네에 유치원은 동생이 유치원을 들어갈 때쯤 생겼다. 동생들은 그렇게 복이 많았다. 동생들을 보며 세월도 잘 타고나야 하며, 그 역시도 자기 복이란 걸 알았다.

어린 나이임에도 가족이 많으니 자연스레 나누고 양보해야 한다는 것을 알았다. 내 유년 시절은 그렇게 그리움을 안고 선택받기 위해 착한 아이로 자라고 있었다. 자존감이 낮아 말없이 조용했던 그때의 기억. 누군가 말 걸어주면 웃는 게 전부였다.

내 아이는 당당하게 자존감 높은 건강한 아이로 자라길 바랐다. 그래서 태교부터 신경을 썼다. 책도 읽고, 인스턴트 음식은 거의 먹지 않았다. 커피, 콜라, 라면, 술은 입도 대지 않았다. 입덧이 심해 잘 먹지는 못했으나 건강하게 태어났고 책을 친구 삼아, 장난감 삼아 잘 자라주었다. 두 돌쯤 되었을 때 한글을 자연스레 터득하더니 혼자 책을 읽기 시작했다. 이게 태교의 힘인가. 단순 글자만이 아니라 의미를 알고서 읽고 있었다. 너무 신기했다. 어린아이가 책을 읽고 이해하는 수준이 나와는 비교가 안 될 정도였다. 책의 힘을 그때 또 한 번 느끼게 되었다.

『완벽한 공부법』(로크미디어)의 저자 고영성·신영준 작가는 우리의 뇌는 독서하는 뇌가 아니기 때문에 독서가 어렵다고 이야기한다. 그러나 뇌의 가소성 덕분에 책을 많이 읽으면 독서하는 뇌로 바꿀 수 있다고 전한다.

『스스로를 변화시키는 뇌』의 저자 노먼 도이지는 말한다. 우리는 나이가 들면 뇌가 굳어진다고 생각하는데 뇌는 죽을 때까지 굳지 않고 계속 변하며 뇌세포도 새로 생긴다고.

그럼 뇌에 변화를 주고 노력함으로써 우리가 원하는 상태를 만들 수 있다는 것이다. 이런 사실을 좀 더 빨리 알았다면 쉽게 포기하지 않았을 것이다. 나는 일곱 살 때 집 앞에서 오토바이 사고를 당했다. 그때 머리를 다쳤다. 나를 안고 병원으로 가는 부모님 모습. 그 뒤를 사고를 내신 아저씨가 뒤따라왔다. 병원에서 머리에 주사를 놓았다. 그 이후는 기억이 없다. 내 귀에선 항상 진물이 났고, 어느 순간 달그락거리는 소리와 함께 자랐다. 귀에선 바닷소리도 들렸다. 수업 중 선생님의 목소리도 잘 들리지 않았다. 부모님께 말하면 병원을 가야 할 것 같아 무서웠다.

그해 추운 겨울 달그락거리는 귓속 이물질이 너무 신경 쓰였다. 걸을 때나 뛸 때도 돌아누울 때도 함께 움직였다. 1년쯤 지나 마음먹고 귓구멍을 꽉 막고 있는 이물질을 살살 돌려가며 겨우 꺼냈다. 커다란 대추 씨와 같은 모양의 이물질. 아마 진물이 고여 굳은 것이리라. 그때의 어리석은 내 행동에 지금도 혀를 두른다. 결혼 후 한 번의 유산과 두 번의 출산, 몇 번의 크고 작은 수술로 언제부터인가 기억력이 급격히 떨어짐을 느꼈다. 스스로 치매를 의심할 정도였다. 손에 스마트폰을 들고서 없다고 찾기도 했고, 냉장고 문을 열었는데 순간 생각이 나지 않아 명해지기도 했다. 아파트 현관 비밀번호가 생각나지 않을 때도 있었다. 그 순간은 정말 걱정이 밀려왔다. 만약 치매라면 너무 빠른 나이이기에 대책을 세워야 했다. 다행히 치매는 아니고 건망증인 것을 네이버 검색을 통해 알았다. 하지만 방심하면 치매로 갈 수 있을 것이다. 뇌도 사용을 안 하면 기능을 잃고 만다. 그 뒤 메모장을 들고 다니는 습관이 생겼다.

지적인 자극은 기억력 향상에 도움을 준다. '삼성서울병원 건강칼럼'에서 다음과 같이 전하고 있다.

"두뇌에 적당한 자극을 주어 기억력 향상에 도움을 주어야 건망증이 개선된다. 한 예로 독서, 바둑 두기는 좋은 치료이자 예방법이다."

독서는 뇌를 건강하게 다시 살리는 역할을 하고 있다. 사실 독서를 꾸준히 한 뒤로 건망증이 눈에 띄게 줄었다. 예전엔 신경 쓰이는 일이 있거나 화가 나거나 스트레스를 받으면 더 이상 해결의 실마리가 보이지 않을 때 이 상황을 잊고 싶어 잠을 청했다. 자고 나면 훨씬 문제가 작아 보이고 쉽게 해결되었다. 그동안 뇌를 잘 쓰지 않았던 나의 잘못된 습관으로 뇌의 기능이 저하되고 있었으리라. 그런데 지금은 독서로 뇌의 기능을 다시 살리고 있는 셈이다. 요즘은 건망증 증세가 사라졌다.

우리가 공부하는 이유가 뭘까? 지식을 배우고 익혀서 더 나은 삶과 행복 추구, 나의 성장을 돕기 위한 것이 아닐까? 그 공부의 시작이 바로 책 읽기에서 시작된다.

『피터 드러커 나의 이력서』(청림출판)의 저자 피터 드러커는 도서관에서 진짜 대학 교육을 받았다고 말한다. 도서관에서 한 공부는 자신에게 상당한 지식을 쌓게 해주었고, 새로운 주제와 시각, 새로운 방법에 대해 개방적인 자세를 취할 수 있도록 해주었다고 서술하고 있다.

어떤 일에서든 전문가로 인정받고 싶다면 끊임없이 책을 읽고 새로운 주제를 계속 공부해야 한다고 저자는 말하고 있다.

『책, 인생을 사로잡다』(까만양)의 저자 이석연은 성공한 모든 사람의 비결을 바로 독서라고 이야기하고 있다. 한 권의 책을 읽은 사람과 100권의 책을 읽은 사람의 삶은 같을 수가 없다고도 했다.

정말 죽을 것 같아 시작한 독서가 삶을 바꾸었다

책 읽기는 모든 공부의 시작이다. 책이 한 권씩 늘어날수록 무한 가능성과 에너지도 함께 성장해간다. 책을 통해 간접 경험을 하게 되고 막혔던 인생의 해답을 찾을 수 있다. 공감 능력과 인내심 논리력이 향상된다. 나는 책과 가까이하는 삶을 살아보기로 마음먹은 후로 삶이 확연히 달라졌다.

02
책을 끝까지 읽지 않아도 괜찮다

끝까지 책을 읽어야 한다는 강박증에서 벗어나자

학창 시절 내 친구는 매일 한 권씩 책을 읽을 정도로 독서광이었다. 그땐 책이 그리도 재미있는 줄 몰랐다. 내가 책과 거리가 멀어진 것은 책을 읽은 후 작성하는 독후감 때문이다. 책을 읽고 독후감을 제출하는 것이 너무 부담스러웠다. 그래서 책에 집중할 수 없었다. 책에 대한 흥미까지 잃게 했던 독후감 검사.

하루는 친구에게 물었다.

정말 죽을 것 같아 시작한 독서가 삶을 바꾸었다

"은주야, 너 책이 그렇게 재미있어?"

"응, 재미있어, 너도 읽어봐."

"정말? 그런데 넌 어떻게 책을 빨리 읽을 수 있어?"

"응, 자꾸 읽다 보면 속도가 붙게 돼."

"너 혹시 대충 보는 건 아니야?"

"응, 재미없는 부분은 그냥 넘기고 궁금한 부분만 골라서 보기도 해."

친구는 이미 다독을 한 상태여서 속도감은 자연스럽게 붙었다. 책을 읽다 관심 없는 부분은 그냥 건너뛴다. 읽고는 싶은데 시간이 없을 땐 처음부터 목차를 확인 후 읽고 싶은 부분만 읽는다. 정말 효율적인 독서법이다. 나도 그런 생각을 안 해본 것은 아니지만 왠지 저자에 대한 예의가 아니라 생각했다. 또 책값이 아까워서 그럴 수가 없었다.

이제는 아들도 많이 컸다. 예전엔 나에게 책을 권하는 일은 거의 없었다. 그러다가 내가 책을 보기 시작한 후로 자신이 읽고 좋았던 책은 나에게 추천하기도 한다.

"엄마, 이 책 읽어봐."

"엥? 무슨 책인데?"

"그냥 읽어보면 알아. 엄마한테 도움 되는 책이야."

"이 책 뭣이 이리도 두껍냐? 너 이 책 다 읽은 거 맞아?"

"응, 다 읽었는데, 사실 이해되지 않는 부분은 그냥 넘긴 부분도 조금 있어."

아들이 내민 책은 정민 작가의 『다산선생 지식경영법』(김영사)이다. 책의 분량이 600페이지나 된다. 그 분량에 읽을 엄두가 나지 않았다. 하지만 아들이 추천하는 책이니 목차라도 봤다. 목차를 보니 정말 읽고 싶은 책이었다. 꼭 읽어야 할 책에 기록해두었다. 이 책은 정독해서 읽어야 할 책이다. 두꺼운 분량의 책도 망설임 없이 읽을 수 있는 아들이 대단해 보인다. 책의 유익함을 알고 있어서 얼마나 다행인지 모른다. 아들 역시 책을 어떻게 읽는지 이미 알고 있었다. 이제는 좋은 책 구별까지 하는 나이가 된 것 같아 뿌듯하다. 사실 아들은 나보다 독해 수준이 훨씬 더 뛰어나다. 책을 읽을 줄 아는 아이로 자라서 내 할 일이 끝난 것 같다. 지금 아들과 나는 서로 좋은 책을 읽고 나면 추천해주는 사이가 되었다. 든든한 책 친구가 된 것이다.

요즘 한창 책에 몰입하는 나를 보며 아들이 한마디한다.

"엄마는 참 좋겠다."

"왜?"

"읽고 싶은 책 마음껏 읽을 수 있으니까."

정말 죽을 것 같아 시작한 독서가 삶을 바꾸었다

"엄마가 부럽니? 너도 곧 시험 끝나면 시간 많으니 그때 마음껏 읽어."

나는 아들을 보며 내 학창 시절을 돌이켜본다. 의무감으로 읽었던 책으로 인해 책에 흥미를 잃었던 지나간 시간에 아쉬움이 남는다.

아이를 유치원과 어린이집을 보내고 나면 옆 동에 사는 친구에게서 전화가 온다. 등원시키느라 분주했는데 이제는 서로의 일과를 말하며 다과와 함께 수다를 떨 시간이다. 그러면서 스트레스를 풀곤 했다.

"이번에 전집 한 세트 질렀어." 친구가 자랑스럽게 말한다.
"괜찮아? 애들 잘 봐?" 부러움으로 책장에 꽂힌 책들을 구경한다.
"응. 괜찮은 것 같아. 너도 한 세트 사줘라."

우리는 만나면 온통 아이의 교육에만 관심을 두었다. 친구가 한 세트 사면 나도 질세라 더 좋은 책을 아이에게 선물해주고 싶었다. 새로 산 책을 빌려달라 말하기가 미안해서다. 남편 월급의 상당 부분이 아이의 교육에 집중되었다. 그것도 모자라면 아르바이트를 해서 책을 사주기도 했다. 친구네 책장을 보면 다 본 책은 거꾸로 뒤집어놓았다. 읽은 것과 읽지 않은 것을 표시하기 위함이다. 1번부터 가지런하게 꽂혀 있는 책들을 보고 있으면 내 아이가 배부르게 책을 먹고 있다는 생각에 뿌듯하다고 했다. 한 권을 완벽히 읽지 않으면 다음 책을 못 읽게 한다고 했다. 지금 생각해보면 이 또한 책을 끝까지 읽어야 한다는 강박증이 아니었을까.

책을 끝까지 읽어야 하는가? 책 한 권을 손에 쥐면 몇 날 며칠을 잡고 있다. 다른 일로 인해 완독하지 않으면 뭔가 찝찝함을 느낀다. 나뿐만 아니라 많은 사람이 공감하는 부분일 것이다. 책 한 권을 읽기로 다짐하면 그 책을 다 읽고 나서 왠지 모를 뿌듯함이 있다. 그러나 마지막 장까지 다 읽지 못하면 책을 읽었다 말할 수 없었다. 용케 나의 관심사와 접목되거나 흥미로운 책은 앉은 자리에서 끝까지 읽기도 한다. 하지만 매번 그런 책을 찾기란 어렵다.

역사책을 보거나 소설을 볼 때면 등장인물이 너무 많이 나온다. 경제서는 온통 모르는 용어들로 읽다 보면 용어를 이해하느라 시간이 더 걸린다. 누가 무슨 얘기를 했는지 뒤죽박죽일 때도 있다. 아주 신경을 곤두세우고 읽었던 경험이 종종 있다. 재미로 읽으려고 했던 것이 많은 등장인물이나 새롭고 다양한 용어로 인해 책의 흐름을 못 따라갔던 경우도 있었다. 그래서 하나라도 놓칠세라 더 꼼꼼히 읽으려 노력했다. 매번 책을 읽을 때마다 용을 쓰며 읽었으니 책 읽기가 만만하지는 않았다.

완독만이 의미 있는 독서일까? 왜 그렇게 완독을 고집했던 걸까? 학창 시절 따로 독서법을 배우지 못했다. 공부의 연속선상에서 교과서는 분석하며 반복해서 읽었지만, 소설이나 인문과학, 고전은 어려운 단어로 읽기 힘들었

정말 죽을 것 같아 시작한 독서가 삶을 바꾸었다

던 기억도 있다. 지금도 아이의 책이나 문제집을 보면 아깝다는 생각을 하게 된다. 한 권의 문제집을 다 풀지도 않고서 다른 문제집을 또 구매하기를 요청할 때 기분이 좋지만은 않다. 그렇게 다 풀지도 못한 문제집이 쌓여간다. 괜스레 나의 스트레스도 쌓여간다. 한 권을 알 때까지 반복했으면 좋겠는데 대충 새로운 유형만 본다. 문제집 쇼핑을 하는 것 같은 이 느낌은 뭘까? 어쩌면 이 또한 책이든 문제집이든 무조건 끝까지 다 봐야 돈값을 한다는 강박증 때문이 아닐까 싶다.

2년 전부터 시작된 독서로 인해 다양한 책을 보게 되었다. 읽고 싶은 책은 많은데 시간은 한정되어 있었다. 좀 더 효율적인 독서법이 없을까 고민하던 중 독서법 책도 그제야 눈에 들어왔다. 정소장의 『몸값 높이는 독서의 기술』(위닝북스)을 보며 끝까지 책을 완독할 필요가 없다는 것도 알게 되었다. 책을 보는 목적에 따라 읽는 방법이 다양함을 알게 되었다. 사실 이 방법은 학교 다닐 때 사용했던 방법인데 잊고 있었다. 처음엔 목차를 살펴보고 내가 원하는 부분만 골라 읽는 게 좀 찜찜하기도 했다. 시간은 없는데 다 읽고 싶은 충동 때문에 한동안 미련을 가지며 시간을 낭비하기도 했다. 지금은 독서에 관련된 책들이 많이 출간되고 있다. 다양한 독서 방법에 대해 참고하면 효율적인 독서가 될 것이다.

이제는 재미도 없고 내용도 이해가 되지 않는 책을 붙들고 끝까지 완독해야 한다는 생각을 버리자. 우리가 책을 읽는 이유는 목적에 따라 다르다. 정독하며 완독해야 하는 이유가 없다면 읽기 힘든 책은 과감히 덮어버리자. 책 한 권으로 너무 많은 것을 얻을 생각도 버리자. 한 권의 책을 읽은 후 머릿속에 남는 것은 그리 많지 않을 것이다. 나는 책 한 권에서 한 가지 깨달음만 있어도 그 책은 내 인생에 도움 되는 것이라 생각한다. 의무감으로 책을 읽으며 귀한 시간을 낭비할 필요는 없다. 또 다른 좋은 책을 읽을 기회까지 빼앗을 뿐더러 책에 대한 흥미를 잃을 가능성도 커진다.

　이제부터 끝까지 책을 읽어야 한다는 강박증에서 벗어나자.

정말 죽을 것 같아 시작한 독서가 삶을 바꾸었다

03
성장에 도움이 되는 책은 반복해서 읽어라

자신이 성장하고 있음을 느낄 때 충만한 행복을 느낀다

당신은 책을 읽는 이유가 무엇인가? 그냥 취미로 남들이 다 보니까? 정보를 얻기 위해서? 지식을 쌓기 위해서? 남에게 뒤처지지 않기 위해? 인생을 바꾸고 싶어서? 어쨌든 다양한 이유가 있을 것이다. 나는 학창 시절에는 문제 해결의 답을 찾기 위해 읽기보다 취미로 재미를 찾기 위해, 또 교양 있어 보이기 위해 읽었던 것 같다. 어떤 이유에서건 책을 읽는 자체만으로도 책이 주는 이로움을 알고 있다는 것이다.

지인 중 한 명은 대학을 졸업한 후 대학원 진학을 하고 취직을 안 하고 있다. 원하는 목표가 있어서 책만 그렇게 읽고 공부 중이다. 그의 일과는 밥 먹고 온종일 책을 보는 것이 전부다. 그 모습을 보며 처음엔 이해가 되지 않았다. 책이 저렇게도 재미가 있을까? 한창 여자친구도 사귀고 결혼도 생각할 나이에 책과 사랑에 빠져 있으니 그 집 부모님은 온통 걱정뿐이었다.

"아들이 완전 학자 스타일이네요."

"저렇게 공부만 하다가 장가는 언제 가누? 좋은 아가씨 있으면 다리 좀 놓아주게."

"네, 그래도 말썽 피우지 않고 자기 할 일 하니 큰 걱정은 없으시겠어요."

"공부하느라 책값도 장난 아니게 들어가. 서재에 꽂힌 책이 어마어마하네."

"그게 다 자산이죠. 요즘 회사 다니다가도 그만두고 공부하는 사람들 많아요."

인물도 좋고, 머리도, 성품도 다 좋아 어디 하나 빼놓을 때가 없다. 부모 역시 출중하시다. 나에게 하소연 아닌 하소연을 하시지만 그렇게 큰 문제가 되는 건 아닐 거란 생각이 들었다. 그 아들은 분명 책을 통해 성장하고 있는 것이리라. 사실 그 당시는 이해가 되지 않았지만, 지금은 내가 책을 통해 많은 성장을 하고 있어서 이해가 된다. 그 집 아들은 여자가 없어도 책이 주는 행복이 더 컸을 것 같다는 생각이 든다. 하나 궁금한 것은 그 많은 책을 사는 이유가 반복 독서를 하기 위함이 아닐까 생각해본다. 내가 책을 사는 이유

정말 죽을 것 같아 시작한 독서가 삶을 바꾸었다

역시 생각날 때 언제든 다시 볼 수 있기 때문이다.

학창 시절 교과서나 문제집을 반복해서 공부했던 경험을 누구나 다 갖고 있을 것이다. 그러면 우리가 읽는 실용서나 고전, 소설, 수필, 자기 계발서 등의 책은 반복해서 읽은 경험이 있는가? 사실 시간 쪼개서 책 읽는 것 자체만으로도 힘들기에 반복 독서를 하기가 그리 쉬운 일은 아니다. 한 권을 읽고 나면 다른 책을 빨리 읽고 싶은 충동이 생긴다. 내 경우 독서 초보라 다독이 목적이었기에 권수를 채워나가는 뿌듯함이 컸던 것 같다. 그래서 반복 독서를 하기 더 힘들었다. 시간이 지나면서 꼭꼭 씹어 먹고 싶은 책들이 하나둘 생기기 시작하자 반복 독서를 하게 되었다.

나는 책을 통해 내 가치관이 잘못 형성되어 있었다는 것을 알게 되었다. '내 경험을 통해 알고 있는 것이 옳다.'라고 생각했다. 하지만 일을 하면서 내 생각과는 전혀 다른 방향으로 흘러가는 사람들을 보며 깨달았다. 내 경험만을 믿고 매 순간 선택을 하다 보니 돌고 돌아서 힘든 세월을 보낸 것을 알게 된 것이다. 책이 아니었으면 내 경험에서 얻은 사고가 잘못된 것인 줄도 의심하지 않았으리라. 하마터면 신세 한탄만 하다 세월을 보낼 뻔했을 것이다. 책은 나에게 다시 찾은 인생 같은 존재다.

다음은 내가 읽었던 책 중 반복해서 읽게 되는 책 몇 권을 소개하겠다. 조셉 머피의 『잠재의식의 힘』(미래지식)과 나폴레온 힐의 저서 『놓치고 싶지 않은 나의 꿈 나의 인생』(국일미디어)에서 '잠재의식의 힘으로 나는 무엇이든 할 수 있다'는 것을 알게 되었다. 이 책을 읽는 동안 나를 다시 사랑하게 되고, 무한 에너지가 샘솟는 것을 느낄 수 있었다. 건강, 행복, 용서, 긍정의 힘으로 내 인생에 기적 같은 일이 조금씩 일어났다. 지금도 잠자기 직전과 아침에 눈을 뜨자마자 잠재의식이 깨어 있는 순간을 활용하기 위해 나에게 주문을 건다. 잠재의식의 힘으로 내 능력의 무한함을 알고 깨우려고 노력 중이다.

미즈노 남보쿠의 『운명을 만드는 절제의 성공학』(바람)은 내가 과식을 하거나 음식을 탐할 때, 사치하고 싶은 충동을 느낄 때 다시 보게 되는 책이다. 나도 한때는 음식 욕심이 있어 배부르게 먹기를 좋아했다. 그런데 이 책을 읽은 이후 욕심을 많이 내려놓게 되었다. 또 음식 앞에서 마음속으로 기도하는 버릇이 생겼다. 이 책을 읽으면 몸과 마음이 정화되면서 절제된 삶을 다시 실천하게 되었다.

마쓰다 미쓰히로의 『실전! 청소력』(나무한그루)을 읽으며 현실에서 복잡했던 일들이 청소를 통해 하나씩 정리됨을 몸소 체험하게 되었다. 예전의 나는 정말 깔끔하게 청소를 했다. 스트레스를 받거나 화가 날 때 청소를 하고 나면 해결이 될 때도 많았다. 창틀, 문틀, 거울, 현관 바닥, 화장실 바닥까지 한 점의 곰팡이, 머리카락 하나 떨어진 것을 보면 눈에 거슬릴 정도였다. 언제부

정말 죽을 것 같아 시작한 독서가 삶을 바꾸었다

터인지 청소에 소홀해졌고 무뎌졌다. 지나간 세월 속에서 버리기 아까워 간직했던 물건들을 이 책을 통해 과감히 버리기 시작했다. 하나씩 다시 정리하기 시작하면서 머릿속 복잡했던 일들이 해결되어가고 있음을 몸소 느끼는 중이다. 머릿속이 복잡해 정리가 안 된다면 이 책을 읽고 버림과 정리 및 청소를 시작해보라고 권하고 싶다.

데일 카네기의 『카네기 인간관계론』(씨앗을 뿌리는 사람)은 인간관계가 잘 풀리지 않을 때, 꼬이기만 하는 문제에 해결책을 찾고 싶을 때 자주 봤던 책이다. 고이케 히로시의 『2억 빚을 진 내게 우주님이 가르쳐준 운이 풀리는 말버릇』(나무생각)은 실제 일본인 저자가 말투로 2억 빚을 갚은 이야기를 아주 쉽게 풀어낸 책이다. 부정적인 생각이 자주 떠오를 때나 의욕이 없을 때 말투를 고치고 싶어서 편하게 자주 펼쳐봤던 책이다. 이 책으로 인해 힘들 때 걷기 운동을 하게 되었고, "감사합니다. 사랑합니다. 축복합니다."가 말버릇으로 자리 잡혔다.

그 외 오리슨 S. 마든의 『아무도 가르쳐주지 않는 부의 비밀』(나래북)에선 항상 긍정적이고 낙관적인 태도를 강조하며, 행동이나 노력보다 바른 생각이 더 중요하다고 이야기한다. 아무리 힘든 역경 속에서 태어났더라도 마음 먹기에 따라 부와 성공을 이룰 수 있음을 말한다. 이 책 또한 나의 사고를 확장하고 변화시키는 데 도움이 되었다.

지금 사는 아파트에 이사 오기 전 인테리어를 했다. 절약하고 싶어 손을 안 봐도 되는 부분은 제외하고 인테리어를 했다. 착한 업체를 소개받았다. 알고 보니 전문업자가 아니었고, 공사 결과 전체적으로 통일감이 없는 '따로국밥'이 되었다. '싼 게 비지떡'이란 걸 알게 되었고 많은 후회를 했다. 또 나는 아주 적은 돈을 아끼기 위해 한 시간 반 거리의 아울렛에 가서 옷과 운동화를 산 적이 있다. 할인된 가격에 원하는 것을 사서 만족했지만, 기름값과 시간 낭비를 생각하니 효율적인 쇼핑이 아니라 생각한다. 또 인터넷 최저가 쇼핑을 하다 2~3일을 허비하는 날도 있었다. 그러고 보니 예전의 나는 눈앞에 보이는 절약을 하다 진작 소중한 시간을 버렸다는 사실을 알게 되었다. "잘못된 절약으로 귀중한 시간과 체력이 심하게 고갈된다."라는 오리슨 S. 마든의 말을 뼈저리게 느꼈던 일이다. "싼 게 절약이라고 생각하는 건 착각이다."라고 저자는 말을 한다. 바른 생각의 중요성을 느끼게 해준 나의 인생 책 중 한 권이다. 이 책 또한 한 번 읽고 끝내는 책이 아니다. 그 외 인생 책은 뒷장에서 계속 소개하겠다.

지금도 나는 내 성장에 도움을 줬던 책을 자주 들여다본다. 사실 한 권의 책을 읽으면 그 속에서 얻는 지식과 지혜는 내면의 성장과 행복을 가져다준다. 하지만 책장을 덮고 시간이 지나면 그냥 좋았던 느낌만 남아 있고 자세한 내용은 기억에 남아 있는 경우가 드물었다. 그래서 별도로 기록을 하거나 메모를 해둘 필요가 있다. 어떤 책은 읽을 때마다 그 느낌이 다르다. 처음엔

정말 죽을 것 같아 시작한 독서가 삶을 바꾸었다

저자의 생각으로 책을 읽어나간다. 두 번째는 조금 다른 관점에서 내 생각을 하며 읽는다. 그러다 보면 의식이 성장하고 있음을 느낄 수 있다. 그동안 내면의 성장이 있어서일까? 어쨌든 책을 읽으며 의식이 계속 성장함을 알 수 있다. 내가 성장하고 있음을 느낄 때 무한 행복을 느낀다. 때론 불안감을 떨치고 도전하고픈 용기와 성취욕으로 인해 자존감이 높아지기도 했다. 이런 책들이 쌓이면 어떻게 될까? 직접 한번 느껴보길 바란다. 모든 사람은 성장 욕구가 있다. 자신이 성장하고 있음을 느낄 때 충만한 행복을 느낀다. 책 한 권을 읽고서 다 안다고 치부하지 말고 2~3번 반복하며 사색을 즐겨보길 바란다.

사회학자 벤저민 바버(Benjamin Barber)는 다음과 같이 말했다.

"나는 세상을 강자와 약자, 성공과 실패로 나누지 않는다.
나는 세상을 배우는 자와 배우지 않는 자로 나눈다."

04
하루에 단 10분이라도 책 읽는 습관을 만들어라

하루 10분 투자로 우리나라 독서하는 성인의 평균을 넘어선다

옛날 어른들은 책만 보면 밥을 굶는다고 종종 말해왔다. 돌아가신 친할머니께서 살아계실 때 하신 말씀이 생각난다. 우리가 책을 보고 있으면 항상 똑같은 말씀을 하셨다.

"책 들여다 보고 있으면 쌀이 나오나? 돈이 나오나?"
"할머니, 쌀도 나오고 돈도 나와요."
"뭣이야?"
"할머니, 진짜예요."

정말 죽을 것 같아 시작한 독서가 삶을 바꾸었다

"잔말 말고 가게 가서 엄마, 아빠 일 좀 도와주고 오너라."

할머니는 손녀딸이 태어날 때마다 엄마를 구박하셨다고 하신다. 본인은 손자만 기다리고 있는데 태어나는 건 모두 딸이었으니 얼마나 실망하셨을까? 막내 남동생이 태어난 이후 아주 금이야 옥이야 귀하게 키우셨다. 유기그릇이며 아인슈타인 숟가락부터 백화점에서 옷도 사주셨다. 속옷까지 다림질을 해주셨다. 그와 반대로 손녀딸들이 공부하려고 하면 공부할 필요 없다고 늘 말씀하셨다. 딸들은 출가외인이라 그러신 것 같다.

"여자는 그저 서방 잘 만나 시집가면 된다."
"할머니, 이제 그런 시대는 지났어요."
"시집가서 살림 잘하고, 시부모님, 서방님 잘 모시면 되지."
"무슨 여자가 종도 아니고, 저는 집안일만 하기 싫어요."

그렇게 항상 할머니랑 장난스럽게 다투었던 때가 엊그제 같다. 할머니는 아버지가 어릴 때도 공부하지 말고 일해서 돈을 벌어오기를 바라셨다고 한다. 할아버지는 마을에서 글을 가르치는 훈장님이셨다고 한다. 그런데 병으로 일찍 돌아가시고 할머니 혼자 7남매를 키우셨다. 옆에서 할아버지를 보며 할머니는 아셨다. 책을 본다고 출세해서 잘 사는 게 아니라는 사실을 말이다. 공부보다 당장 입에 풀칠하기 바쁘셨을 거다. 힘든 세월을 살아오셨기에 공부로 출세한 사람을 보지 못하셨던 게 아닐까? 아니면 옆을 돌아볼 겨를조차 없으셨을 것이 분명하다.

『오래가는 것들의 비밀』(지와인)의 저자 이랑주 작가를 줌 강연회를 통해 알게 되었다. 그때 그가 한 말을 기억한다.

"하루 8시간 일을 하고 책을 보고 다른 경험을 하는 사람과 온종일 일만 하는 사람 중 누가 부자가 될까요?"

두 명의 나무꾼이 있다. 한 나무꾼은 하루 14시간을 나무를 캐는 일에 몰두했다. 다른 나무꾼은 하루 8시간 일을 하고 나머지 시간은 책을 읽고 다른 곳의 나무를 시찰하러 다녔다. 몇 년이 흐른 뒤 두 나무꾼 중 누가 더 잘됐을까? 왠지 질문 자체에서 반전이 있을 것 같지 않은가? 맞다. 당신이 생각하는 답이 정답이다. 하루 14시간을 부지런히 일만 하던 나무꾼은 세월이 흐른 지금까지도 나무를 캐며 똑같은 생활을 하고 있다. 하지만 8시간만 나무를 하고, 책을 읽고 다른 곳을 시찰하러 다녔던 나무꾼은 책에서 영감을 받아 공장을 짓게 되었다. 자동화 공장으로 인해 예전보다 편하게 일을 하며 돈도 많이 벌게 되었다.

평생 잠을 충분히 주무시지도 못하고 자식 키우느라 일만 하셨던 부모님

정말 죽을 것 같아 시작한 독서가 삶을 바꾸었다

이 떠오른다. 자식을 한둘만 나으셨다면 편하게 사셨을 텐데… 태어나 효도 한 번 제대로 못 한 게 죄송스럽기만 하다. 나는 항상 생각한다. 아버지가 책을 가까이하셨다면 아버지께서 이루고 싶었던 것을 이루지 않았을까? 항상 배움에 적극적이셨던 아버지는 일본에 가서 제과 제빵 기술을 더 배우고 싶다 하셨다. 자식 중 누구 한 사람이라도 제과업을 물려받기를 원하셨다. 하지만 우리는 아무도 나서지 않았다. 기술도 알려주시고 그냥 가게를 주신다는데도 말이다. 우리는 새벽부터 일어나 하루 내내 일만 해야 하는 제과점을 아무도 원치 않았다.

아버지는 나이가 많아서, 당장에 밥 먹고 살아야 하셨기에 자식들 키우느라 정작 본인이 하고 싶은 일은 꾹 참기만 하셨다. 하고 싶은 게 뭔지, 꿈조차 생각할 겨를이 없으셨던 어머니. 같은 여자로서 참 미안한 생각이 든다. 그래도 난 부모님 덕분에 이렇게 좋은 세상에 태어나지 않았던가. 그런데도 부모님처럼 힘든 생활을 하고 싶지 않았다. 요즘은 그저 편한 것만 찾아 살아온 내가 참 부끄러워진다.

앞에서 말하는 것처럼 이제는 일만 열심히 해서는 안 되는 세상이다. 세상이 너무 빨리 변해서 공부해도 따라가기 벅찰 정도다.

요즘 많은 사람이 바쁘게 살아간다. 뭔가 새로운 일을 하기 위해선 다른 일은 자연스럽게 소홀하게 된다. 그런데 나의 일과를 점검하며 버리는 시간이 많음을 알았다. 하루 동안 한 일은 얼마 되지 않는데 매번 하루를 분주하게 보냈다. 버려지는 시간을 관리하면 두 시간은 족히 나올 듯하다. 나의 평소 시간 관리를 보면 30분 단위이거나 한 시간 단위였다. 그래서 정각이 되지 않으면 그냥 버리는 시간이 많았다. 꼭 30분 단위나 정각 단위만 시간으로 인정했던 지난날들이 생각난다. 지금은 그 중간에 버려지는 시간의 소중함을 알기에 5분, 10분 단위도 사용한다. 짧은 시간이라도 읽던 책을 보거나, 문자 확인이나 메일, 카카오톡을 확인하는 등 허투루 사용하지 않는다.

정치인으로 활동하고 있는 안철수를 알 것이다. 우리가 잘 알고 있는 CEO이자 교수였던 그는 엘리베이터에서 버튼을 누르고 기다리는 시간까지 쪼개가며 책을 읽는다고 한다. 『날 떠나지 마』를 부른 가수 박진영은 옷 고르는 시간도 아까워 같은 옷을 여러 벌 사서 입었고, 운동화 끈 묶는 시간도 아까워 트임을 박아서 신고 다녔다고 한다. 그들의 시간 관리를 보며 성공하는 사람들과 우리가 다른 이유를 확연히 알 수 있다. 일상이 바쁜데도 시간을 쪼개어 책을 읽는 사람들이 있다. 그들의 성공은 이미 예견된 것이리라.

하루 중 일상에 숨어 있는 10분을 찾아보자.

- 아침에 일어나 멍하게 딴생각하며 보내는 10분
- 화장실에 앉아 있는 10분

정말 죽을 것 같아 시작한 독서가 삶을 바꾸었다

- 출퇴근 시 버스나 지하철에서 10분 이상
- 약속 시각 전 기다리는 시간 10분
- 출근 후 업무 시작 전 10분
- 점심시간 메뉴 주문 후 10분
- 점심시간 후 오후 업무 시작 전 10분
- 퇴근 후 휴식시간 10분 이상
- 잠자기 전 10분

일상에 놓치고 있는 10분을 찾아내어 책 읽기 습관을 만들어보자. 습관의 힘이 얼마나 큰지 알고 있는가? 지금 자신의 모습은 모든 생활 습관이 좋든 나쁘든 똑같은 행동 패턴으로 만들어놓은 결과물이다.

하루 10분의 시간으로 책을 읽는다 하면 콧방귀를 뀌는 사람이 있을 것이다. 하지만 하루 10분씩 1년이면 무려 12권의 책을 읽게 된다. 우리나라 성인 1년 평균 독서량이 9.1권임을 고려하면 1.3배가 넘는 수치다. 10분을 우습게 보지 말자. 하루 10분 투자로 우리나라 독서 하는 성인의 평균을 넘어선다. 매일 20분이면 1년에 24권 내외, 매일 30분만 자투리 시간을 활용하면 1년에 무려 36권 내외이다. (한 권 읽는 시간을 평균 5시간으로 정했을 때)

만약 한 권 읽는 데 10시간이라 한다면 하루 한 시간 투자 시 1년 36권이다. 빌 게이츠는 1년에 50권의 책을 읽는다고 한다. 자, 어떤 생각이 드는가?

하루 투자 시간	기간	총 시간	한 달 독서량	1년 독서량
10분	한 달	5시간	1권	12권 내외
20분	한 달	10시간	2권	24권 내외
30분	한 달	15시간	3권	36권 내외
1시간	한 달	30시간	6권	72권 내외

하루 10분 투자로 삶을 바꾼다면 무엇이든지 할 수 있지 않은가? 하루 10분 투자로 책 읽는 습관을 만들자. 자투리 시간 활용이 안 된다면 방법은 또 있다. 뭔가 새로운 한 가지를 하기 위해선 기존에 하던 습관을 줄여야 한다. 당신의 손에서 습관적으로 조작하는 스마트폰과 10분간 멀어지기. 비행기 모드 설정하고 책 보기. 아마 10분이 아니라 한 시간도 훌쩍 넘길 것이다. 무엇보다 습관을 만들어야 오래 할 수 있다. 언제든 책 읽는 시간을 정해놓고 책을 읽자. 당신은 어떤 시간이 마음에 드는가? 앞서 일상에서 숨은 시간을 찾아 선택해보길 바란다. 이제는 당신도 대한민국 평균을 넘어서는 사람이다.

정말 죽을 것 같아 시작한 독서가 삶을 바꾸었다

05
읽은 것은 반드시 다른 사람에게 전하라

전달한 책은 기억에 오래 남는다

어느 날 새로운 정보를 알게 되어 모임 회원들에게 유익할 것 같아 전달했다. 나는 도움을 주고 싶어 전달했는데 그중 한 회원이 말했다.

"아, '책 만들기' 그거 난 이미 예전부터 알고 있던 거야."
"이미 전화까지 해서 회원 신청까지 마쳤어."
내 정보가 달갑지 않은 건지 뉘앙스가 별로다.

"아, 그렇구나! 난 도움 될 줄 알고 신나서 공유했더니 한발 늦었네."

그냥 웃고 만다.

"언제 내 정보가 늦는 거 봤냐?!"

일기장을 책으로 만들어주는 것을 알고는 되게 뿌듯해했다. 보통의 사람들은 자기가 아는 것을 다른 사람들에게 전달하고 싶은 마음이 있다. 또한 새로운 정보를 먼저 알고 있는 것에 대한 왠지 모를 자신감이 대단하다. 모든 정보의 소식통이 자기를 통해서만 전달되기를 바라는 사람이 간혹 있다. 생각해보면 사람은 누구나 새로운 정보에 대한 발 빠른 정보 수집에 쾌감을 느끼는 것 같다. 그래서 아는 정보를 말하고 싶어 안달이다. 본인만 알고 싶은 알짜배기 정보는 가능한 숨기고 싶은 마음도 있다. 요즘은 SNS를 통해 알려고 관심만 가지면 정보의 홍수 속에서 찾을 수는 있지만 정확한 정보인지 구별하기가 좀처럼 어려운 것 같다.

정보를 제대로 알고 전달하는 사람은 이미 공부를 한 상태여서 누구를 만나더라도 자신 있게 전달을 한다. 하지만 어설프게 주워듣고 타인에게 전달하는 사람은 '나 잘 몰라요'가 얼굴에 묻어난다. 우리가 일할 때도 마찬가지다. 내 전공 분야는 아주 자신감이 흘러넘친다. 하지만 공부가 제대로 되지 않은 상태에선 말과 행동이 위축된 상태는 그대로 나타난다. 본업의 일을 함에 있어 공부는 선행되어야 한다.

정말 죽을 것 같아 시작한 독서가 삶을 바꾸었다

하루는 아들이 내게 와서 말했다. 중학교 때의 일이다.

"엄마, 친구들이 모르는 거 가르쳐달라고 자꾸 와서 공부할 수가 없어."

"아들, 네가 공부한 거 복습한다 생각해."

"설명하다 막히는 건 너도 공부가 덜된 거니 다시 공부하면 되고."

그러던 어느 날 시험이 끝나고 아들이 달려와 말을 했다.

"엄마, 쉬는 시간에 내가 친구들에게 가르쳐준 문제가 5문제나 나왔어."

"오, 아들 기분 좋았겠네."

"친구들이 엄청 고마워했어."

"그래, 잘했다. 아들."

"응, 나도 기분 좋았어."

내가 공부한 내용을 누군가에게 알려줄 때 뿌듯함을 느낀다. 아마 대부분 그런 경험들이 있을 것이다. 혼자 공부 후 책을 덮는 것과 공부한 것을 다른 사람에게 알려주는 것 중 본인이 효과를 보는 경우는 어느 쪽일까? 처음은 왠지 열심히 공부해서 남에게 알려주는 게 손해보는 느낌이다. 하지만 사실은 공부해서 타인에게 알려주면 본인은 복습이 되어 장기기억으로 저장된다. 본인에게 더 유리하다. 들은 사람은 시간이 지나면 금방 잊어버리게 된다.

당신은 프레젠테이션하면 얼마나 연습을 하는가? 직장에서든 학교에서

든 발표해야 하는 상황이 오면 당신은 어떤 준비를 하는가? 남들 앞에서 발표한다는 것은 참으로 부담되는 자리다. 준비를 많이 해서 발표를 해도 긴장이 되는 자리. 그래서 부담되고 힘이 든다. 나 역시 학창 시절 발표하는 것을 별로 좋아하지 않았다. 발표자를 뽑을 땐 날짜를 부르시는 선생님이 많아 내 번호가 맞아떨어지면 심장이 쿵쾅거리며 요동을 쳤다. 준비되지 않은 상태에선 누구라도 마찬가지일 거다. 예습해서 발표하고 싶어 입이 근질거릴 땐 나를 피해간다. 중요한 것은 준비한 발표 내용은 시간이 지나도 기억 속에 고스란히 남아 있다는 것이다. 연습 과정을 통해 반복 훈련으로 장기기억 속에 저장되었다는 의미이다. 시간 투자한 만큼 성과가 있어 얼마나 다행인가? 연습할 땐 힘들었지만 이 또한 남는 공부이다. 발표력과 기억력, 자존감까지 업그레이드하는 행위이다.

읽는 책마다 기억이 나지 않는다면 방법을 모색해야 한다. 시간 들여 읽은 책이 읽을 때뿐이라면 누가 책을 많이 읽겠는가? 뇌의 구조상 시간이 지남에 따라 망각곡선은 급격하게 떨어진다. 그런 이유로 반복을 통한 망각곡선의 상승을 유지시켜야 한다.

망각곡선이란 복습의 중요성을 이야기할 때마다 자주 나오는 그래프이다. 1850년에 태어난 독일의 심리학자 '헤르만 에빙하우스'가 '기억'의 관한 실험 연구를 하며 알아낸 것이다. 그래서 '에빙하우스 망각곡선' 이라 부르기도 한

정말 죽을 것 같아 시작한 독서가 삶을 바꾸었다

다. 한 번 학습하거나 공부한 것은 6일 정도 지나면 거의 사라진다. 사람의 기억력은 한계가 있으니 기억력을 믿지 말고 반복을 통해 기억력을 끌어올려야 됨을 말해준다.

아들 초등학교 1학년 때 오해 아닌 오해를 많이 받았다. 1학년 전체 평가로 동시 70여 개를 외우는 수행평가가 있었다. 70여 개로 기억한다. 한 달 정도의 기간. 1학년의 학부모들은 어느 집 자녀가 더 잘 외우나 내기라도 하듯 아주 열심히 아이들에게 동시를 외우게 시켰다. 각 반에서 3~4명의 아이가 1차 통과를 하고, 9반의 아이들이 2차 시험을 치렀다. 그때 아들의 소문이 엄마들 사이에서 퍼지기 시작했다.

"엄마가 애를 어떻게 잡았으면 70개가 넘는 동시를 다 외우냐?", "그 엄마 어떤 사람인지 궁금하다." 등등 그냥 유명인사가 되었다. 그때 아들은 학교 생활을 즐기고 있었다. 참 충실히 외우기도 했다. 소파 뒤에 A4 반 장 크기의 작은 동시를 연달아 붙여 한쪽 벽면이 동시로 도배가 되었다. 잘 외운 것은 벽에서 떼서 따로 보관하고 잘 외워지지 않는 것은 매일 한두 번씩 읽어보는 게 다였다. 한 줄씩 번갈아 읽기도 했다. 매일 반복을 했다. 즉 '에빙하우스의 망각곡선'을 활용한 셈이었다. 누가 알려주지는 않았지만, 아들은 외운 동시를 나에게 전달하면서 장기기억으로 저장되었으리라.

둘째 딸아이 역시 시험공부 할 때면 공부한 것을 나에게 맡기고 문제를 내어보라고 한다. 사실 그럴 때면 내 할 일이 있어서 성의 있게 많이 못 물어 줬다. 혼자 공부하고 끝내면 공부를 한 것 같지 않다고 내게 부탁을 했다. 그러고 보면 딸 역시 '에빙하우스 망각곡선'과 질문을 통한 장기기억력을 이용한 것일까? 학년이 올라가면서 시간이 없다 보니 자주 반복은 못 했던 것으로 기억한다. 하지만 공부한 것을 묻고 답하는 과정에서 기억이 오래 남는 사실을 혼자 터득한 셈이었다.

나도 책을 읽고 나면 많은 부분이 기억에 남지 않는다. 꼭 기억하기 위해 다른 사람에게 책 내용을 전달하지는 않는다. 책을 읽는 도중이거나 읽은 직후에 책의 내용이 많이 기억된다. 그래서 나도 모르게 친구와 통화 중에 책의 내용을 인용하는 모습을 보게 된다. 그렇게 은연중에 전달하게 되는 것이다. 이렇게 전달한 책은 기억에 오래 남는다. 책을 읽고 나면 한층 성장한 나를 보게 된다.

"은수야, 이런 경우 ○○책에서 ○○한 경우라 그러던데 나는 그게 맞는 것 같아."

"그려? 언니는 책을 참 많이 읽는 것 같네. 나도 그 책 한번 읽어봐야겠어."

"응. 꼭 읽어봐. 도움 많이 될 거야."

"히히. 그런데 책 읽을 자신이 없네."

"가능해. 시간 내서 이 책은 꼭 읽어봐."

정말 죽을 것 같아 시작한 독서가 삶을 바꾸었다

읽은 책은 통화 중 친구에게 자연스럽게 전달하게 된다. 또 친구에게 도움될 만한 것은 가끔 선물도 한다. 어느 순간 책을 선물하고 있는 나 자신을 발견한다. 책을 선물하는 경우는 사실 조심스러웠다. 선물한 책을 좋아할지 싫어할지 모르기 때문이다. 하지만 요즘은 선물 받을 대상에게 딱 필요한 책을 골라 선물할 수 있다. 물론 내가 읽어본 책 중에서 말이다. 전달할 때도 나는 이 책에서 감명받은 부분을 짧게나마 얘기한다. 그래야지 호기심에 읽고 싶어지기 때문이다.

책을 읽고 이렇게 누군가에게 전달한 내용은 꼭 내가 그 글을 쓴 것같이 체화되는 느낌이 든다. 또한 계속 성장하는 내 모습에 뿌듯함을 감출 수가 없다. 정말 책 한 권이 주는 힘이 이렇게 어마어마한지 예전엔 미처 몰랐다. 이론상 '많이 읽으면 당연히 좋겠지.'라고 생각만 했다.

이제는 책을 읽고 그냥 덮어 책꽂이에 꽂지 말자. 인상 깊은 말은 정리해서 다른 사람에게 전달하는 것을 습관화해보자. 단 한 문장이라도 상관없다. 의도적이라도 시도하다 보면 오랜 시간 기억 속에 머무를 것이다.

06
책에 밑줄 긋는 것을 두려워하지 마라

책에 줄을 그으면서 읽으면 어떤 좋은 점이 있을까?

아버지는 항상 이렇게 말씀하셨다.

"무엇이든 아끼고 귀하게 대해라."

나는 어릴 적부터 부모님께 그렇게 교육받으며 자랐다. 절약이 몸에 배어 있는 부모님 덕분에 아낄 땐 정말 잘 아껴가며 생활했다. 그런데 그런 생활을 하다 보면 그냥 초라해지는 느낌을 종종 받는다. 그 기분을 해소라도 하듯 나는 몇 달 절약을 실천하다가 나를 위한 기분 전환을 해야 한다며 쇼핑을 왕창 하기도 했다. 그동안 아껴두는 바람에 옷을 한번 사려고 하면 머리

정말 죽을 것 같아 시작한 독서가 삶을 바꾸었다

부터 발끝까지 갖춰야 할 게 너무 많은 것이다. 급하게 사다 보면 충동구매도 하게 된다. 그래서 이제 방법을 달리한다. 한 달에 한 번이나 소소하지만 작은 목표를 달성했을 때 나에게 선물을 주기로 했다. 선물은 그동안 내가 갖고 싶었던 것이나 필요한 것 또는 해보고 싶었던 것으로 말이다. 예를 들면 나만을 위한 여행이나 영화 보기, 보고 싶었던 사람과 함께하기, 서점 쇼핑, 문구류 사기 등 다양한 목록을 적어놓는다. 그중 하나를 선물한다.

지인 중에 물건을 하나 사면 항상 새것처럼 관리하는 사람이 있다. 한번은 비슷한 종류의 청바지만 입는 것 같아 물었다.

"좋아하는 스타일이 변함이 없는 것 같아요."

"나는 무난한 스타일을 좋아해요."

"이 청바지 작년에 입으신 거랑 비슷한 것 같은데, 굳이 비슷한 걸 또 살 필요가 있나요?"

"아, 이 청바지 산 지 벌써 5년 넘었네요."

"네? 5년이나 지났다고요?"

"어떻게 관리하시길래, 새 옷 같아요?"

이분은 옷이며 구두, 가방 모든 물건을 새것처럼 관리를 잘하고 있었다. 옷은 외출하고 난 뒤 바로 관리한다. 청바지 같은 경우 나는 두 번 정도 입으면 무릎 쪽이 봉긋하게 나와서 세탁을 한다. 그런데 이분은 세탁하지 않고 물뿌리개로 튀어나온 부분에 물을 뿌리고 손바닥으로 만져서 건조한다고 했다. 비법은 바로 자주 세탁을 안 하는 것이다.

그럼 책은 어떻게 관리하는지 물었다. 그 당시 고등학생 자녀가 둘이나 있어서 궁금했다. 자녀 책은 많이 사주는지, 문제집은 어떻게 관리하는지 등을 물어봤다. 교과서와 참고서엔 줄을 긋고 정리를 잘하고 있었다. 문제집도 다양하게 사지 않고 한 권을 여러 번 본다고 한다. 자녀들이 공부를 잘했기 때문에 당연히 책도 많이 사주셨으리라 생각했는데 내 생각을 빗나갔다. 절약이 몸에 배어 있다 보니 책도 예외는 아니었다. 학교에서 꼭 사서 보라는 것만 산다고 했다. 그 책은 읽고 나서 다시 팔아야 하기에 줄을 긋는 것은 있을 수 없다고 했다. 그 말에 적잖이 놀랐다. 그래도 인상 깊게 읽은 책은 소장하고 싶은 마음이 들 텐데 의아했다. 주위에 책을 깨끗하게 보는 사람들이 참 많다. 대개 책장이 보기 좋은 장식장으로 둔갑하기도 한다. 나 역시 책장에 꽂힌 책들을 보며 기분이 좋았던 기억이 있다.

절약을 실천하다 보면 아끼고 깨끗하게 사용해야 함은 당연하다. 두고두고 오래 사용하기 위해서 말이다. 책 한 권을 사면 구겨질세라 제대로 펴지도 못했다. 줄을 긋는다는 것은 생각할 수도 없다. 이유는 새 책으로 보관해야 하기 때문이다. 책을 귀히 모셔두려고 샀을까? 분명 살 때는 그럴 생각이 없

정말 죽을 것 같아 시작한 독서가 삶을 바꾸었다

었을 것이다. 책을 제대로 활용하지 못한 셈이다. 교과서, 문제집은 줄을 긋고 더러워져도 되지만 책은 깨끗하게 관리해야 한다는 생각에 사로잡혀 있다. 책을 읽다가 정말 기억하고 싶은 문구가 나오면 처음엔 연필로 줄을 긋는다. 나중에 지울 수 있는 여지를 남겨두는 것이다.

아끼는 게 습관이 되다 보니 책을 읽고 싶어도 사서 읽기보다 도서관에서 빌려서 종종 읽게 되었다. 그러니 책에 줄을 긋는다는 것은 생각도 할 수 없는 일이다. 나는 예전엔 책을 사는 것에 인색했다. 한 번 읽고는 두 번 다시 보지를 않았다. 그래서 한 번만 읽고 마는 책값이 괜히 아까웠다. 물론 아이들의 책은 이것저것 잴 것 없이 좋은 책을 사주려고 애를 썼다.

하지만 내가 보는 책까지 산다면 가계 지출에 부담이 될까 걱정이 되기도 했다. 그래서 내 책은 어쩌다 한 권씩 사서 보았다. 보고 싶은 책이 있으면 도서관에서 대출하여 보기도 했다. 그런데 대출 도서는 마음에 드는 구절이나 기억해야 할 부분을 체크를 못 한다는 게 큰 단점이었다. 또 더 보고 싶어도 기한이 되면 반납하기 바쁘다. 그런 이유 때문인지 아무리 좋은 책을 봐도 애착이 느껴지지 않았다. 중고 도서도 싸다고 몇 번 사서 봤는데 이 또한 실패했다. 빛바랜 책 표지를 보면 읽고 싶은 마음도 들지 않고 첫 장부터 기분도 별로다. 집중해서 읽어지지 않는다. 그러니 중고 도서는 줄을 마음껏 그을 수 있음에도 불구하고 자주 구매하지 않게 된다.

책에 줄을 그으면서 읽으면 어떤 좋은 점이 있을까?

나의 경험을 말하자면 다음과 같다.

첫째, 집중이 더 잘 된다.

둘째, 기억에 오래 남는다.

셋째, 다 읽은 후 한 번 훑어볼 때 중요 문장만 눈에 잘 들어온다.

넷째, 재독할 때 줄 그은 부분만 읽을 수 있어 시간이 절약된다.

다섯째, 처음에 느끼지 못했던 부분에서 새롭게 와닿는 생각이 떠오른다.

김병완 저자의 『공부에 미친 사람들』(다산북스)에서 저자는 많은 시간을 공부에 할애했지만, 성적이 오르지 않자 방법을 바꾸어 손으로 노트에 적기 시작했고, 소리 내어 읽으면서 한 달 만에 영어 성적이 껑충 뛰었다고 한다. 즉 손을 사용한다는 것은 뇌를 사용한다는 것이다. 책에 줄긋는 것 역시 뇌를 자극하는 활동이다.

『몸값 높이는 독서의 기술』(위닝북스)의 저자 정소장은 삼색 볼펜을 사용하여 줄긋기를 한다고 했다. 처음 읽으며 마음에 와닿는 부분은 검은색 볼펜으로 줄을 긋고, 두 번째 다시 책을 읽을 땐 파란색 볼펜으로, 세 번째 읽으면 처음엔 보지 못했던 귀한 글귀에서 꼭 기억하고 싶은 부분을 빨간색으로 줄을 긋는다고 한다.

정말 죽을 것 같아 시작한 독서가 삶을 바꾸었다

나의 경우 형광펜과 빨간 볼펜을 자주 사용한다. 줄을 긋는 건 자기만의 규칙을 정하면 된다.

지금은 많이 달라졌다. 좋은 책들이 마구 쏟아져 나오니 책을 사서 읽고 싶은 욕심이 생긴다. 아직도 책 사는 데 돈을 아끼는가. 책 한 권에는 한 사람의 삶의 경험과 지혜가 고스란히 녹아 있다. 적은 돈으로 다양한 간접 경험을 할 수 있다. 어쩌면 한 사람의 인생을 단돈 커피 두 잔 값을 주고 사는 셈이다. 우리는 한 사람의 성공 경험을 얻기 위해 많은 돈을 내며 컨설팅을 받거나 강의에 참석한다. 그에 비하면 책은 그 지혜를 투자 대비 엄청난 가치를 사들이는 것이다. 오랜 시간 경험해도 다 못 할 경험을 책으로 만나 살 수 있다는 것에 감사할 따름이다. 이제 인생의 경험과 지혜를 사는 데 돈을 아끼지 말았으면 좋겠다. 한 사람의 인생을 산다는 마음으로 책을 구매한다면 그 가치에 감사함을 느끼게 될 것이다.

그럼 책만 읽으면 인생이 다 바뀌는 걸까? 책을 읽기만 해서는 인생이 바뀌지 않는다. 그 책을 통해 작가의 생각을 들여다보고 내 생각을 정리하며 나만의 책으로 만들어야 한다. 그 과정에서 생각이 깊어지고, 새로운 관점으로 보는 눈이 생기는 것이다. 바로 통찰력을 갖게 되다는 말이다.

인상 깊었던 부분에 줄을 긋고, 공감되는 글에 메모하고, 떠오르는 생각을 기록해놓은 책을 당신은 남에게 빌려줄 수 있는가? 내 생각과 아이디어가 담긴 책을 빌려주기 싫을 것이다. 이 모든 기록이 나의 보물이 되는 것이다. 나만의 흔적이 담긴 소중한 책이 한 권 한 권 쌓여갈수록 조금씩 성장하는 자신을 발견하게 됨을 믿어 의심치 않는다. 책 한 권을 사서 밑줄 긋고 읽었다고 해서 책을 다 읽은 것은 아니다. 이 책을 통해 내 삶에 적용하고 실천할 부분이 무엇인지, 어떻게 할 것인지 생각해보자. 생각에 그치지 말고 꼭 실천으로 이행하길 바란다. 이제 책에 밑줄 긋는 것을 두려워하지 마시라!

07
단 한 줄이라도 기억에 남는 문장을 찾아라

그 문장은 분명 나에게 영감을 주거나 공감하는 문장일 것이다

'무엇을 가지러 나왔지?' 베란다에 서서 생각에 잠긴다. '어제는 내가 뭘 했더라?' 까마득하다. 냉장고 문을 열고서 한참을 생각한다. 요즘 들어 바로 직전에 한 일도 생각이 안 날 때가 가끔 있다. 여러 가지 생각이 많아서 그럴까? 결혼 후 두 아이를 낳고 살면서 마취 주사를 맞을 일이 많이 생겼다. 그것 때문일까? 그동안 머리 쓰는 공부를 안 해서일까? 그럴 땐 사실 겁이 난다. 지금부터 기억력이 감퇴하는가 싶어서 말이다. 일찍 치매라도 오면 어찌지? 사실 이 또한 책을 읽기 시작한 이유 중 하나다. 굳은 뇌를 다시 작동시키기 위해서 책을 읽기 시작했다.

책을 읽고 나면 읽을 때뿐이고, 시간이 지나면 좀처럼 생각이 나지 않는다. 그래서 책에 흥미를 붙이지 못했던 때도 있었다.

비단 기억력의 문제를 나만의 문제로 크게 생각했다. 친구에게 고민 상담을 했더니 같은 고민을 하고 있었다. 또래 엄마들의 고민 중 하나였다. 일상생활은 두고서 책을 읽은 후에 기억이 많이 안 나면 실망이 크다. 독서를 많이 안 해서 이렇게 힘든 줄 알았다. 그런데 이 또한 나만의 문제가 아님을 책을 통해 알게 되었다. 나만의 문제로 생각했을 땐 문제가 커 보였지만 다른 이도 겪는 문제라 생각하니 안도의 한숨이 나왔다. 인간은 망각의 동물이라 시간이 지나면 차츰 기억되는 부분도 줄어든다. 이 사실을 인정하니 마음은 편했다. 그럼 더 많은 부분을 기억하기 위해 어떻게 해야 할까?

다른 사람들도 나와 같은 경험을 하는 것에 고민을 덜었다. 사람은 망각의 동물이라 했다. 그렇다 만약 사람이 태어나 지금껏 읽은 것, 본 것, 경험한 것을 모두 기억한다면 어떻게 될까? 그 많은 정보를 저장하는 뇌에서 선택해서 찾아 쓰는 것에도 많은 시간이 걸릴 것이다. 나쁜 기억이 자꾸 생각난다면 온전한 정신으로 살아갈 수 있을까? 생각하고 싶지 않은 일은 기억나지 않아야 살 수 있을 것이다. 그리고 보니 뇌가 다 기억을 못 하는 게 천만다행이다.

정말 죽을 것 같아 시작한 독서가 삶을 바꾸었다

책 한 권을 읽고 책장을 덮어버리는 순간 내용이 사라진다면 무슨 의미가 있는가? 우리가 책을 읽는 이유는 앞에서도 언급했듯이 교양을 쌓기 위해서거나 정보를 얻기 위해 또는 문제 해결을 위해 또는 취미로 책을 보는 경우 등 이유도 참 다양하다. 책 한 권에서 많은 것을 얻으려고 하는 것도 욕심인 것 같다. 처음부터 욕심을 내지 말고 한 가지라도 얻는 것이 있으면 다행인 것이다. 『일독 일행 독서법』(북로그컴퍼니)의 저자 유근용 작가는 한 권의 책을 읽고 한 가지를 실행하라고 전하고 있다. 그렇다. 욕심부리다가 하나도 얻지 못하는 것보다 한 권의 책에서 하나만이라도 실행으로 옮겨보자. 책이 한 권씩 쌓일 때마다 좋은 습관이 장착된다면 내가 원하는 목표를 향해 나아가는 것이다. 좋은 책이 쌓여갈 때 내적 성장과 함께 내 행동에도 변화가 일어난다. 그것이 독서의 힘이다. 독서 초기에는 단 한 줄이라도 기억에 남는 문장을 찾아 줄을 긋고 기록하며 읽어보자.

『알면서도 알지 못하는 것들』(스노우폭스북스)의 저자 김승호 작가는 다음과 같이 말했다.

"당신이 누구에게나 사랑스러운 사람이 될 수 있는 최고로 아름다운 방법은 친절, 배려, 관용으로 선한 사람이 되어 선한 영향력을 갖는 것이다."

이 문구를 읽으며 많은 생각을 했다. 나는 왜 그토록 사랑스러운 사람이 되고 싶었나? 친절한 사람이 되려고 했을까? 너그럽게 용서만 하고 살았을까? 양보만이 미덕이라 생각하며 배려가 습관이 되었을까? 어릴 때부터 칭찬을 많이 받고 자랐다. 부모님에게 미운털이 박히기 싫었기 때문이다. 아니, 자식 중 제일 사랑받고 싶었다고 말하는 게 맞는 것 같다. 본능적으로 사랑을 받아야 선택받고 살 수 있다는 위기의식이 잠재되어 있었던 것이리라. 그래서 칭찬을 받기 위해 애썼다. 대가족 속에서 살아남기 위한 몸부림이었을까? 친절과 배려 관용은 당연하다 생각했다. 부모님이 그러했고, 그 모습을 보고 자랐기에 당연했다. 이 책을 보며 '그래, 내가 바르게 살고 있었네!'라고 흡족해했다.

하지만 마음 한구석 불편함이 밀려왔다. 주변에 그렇지 못한 사람을 보면 은근 신경이 쓰였다. '나'라는 존재는 없고 타인을 위해 사는 모습만 남아 있었다. 어떤 날은 '내가 너무 바보같이 사나?' 하는 생각도 밀려왔다. 이기적이고 욕심 많은 사람을 보며 그들이 잘 사는 것처럼 보였다. 또 이기적으로 살아야 한다는 책들도 출간되면서 혼란을 겪었다. 지금은 생각한다. 나를 힘들게 하는 친절, 배려, 관용은 그 힘을 잃어버린다는 사실을. 언제나 나를 존중할 때 타인에게 너그러울 수 있다. 그것이 진정 친절, 배려, 관용이 빛을 발하는 것이다.

『기운 빼앗는 사람, 내 인생에서 빼버리세요』의 저자 스테판 클레르제는

정말 죽을 것 같아 시작한 독서가 삶을 바꾸었다

이렇게 말했다.

"누군가에게 기가 빨리고 있는 것이 맞는지 알고 싶은가? 그 사람 옆에 있으면 기분이 어떤지, 그 사람과 어울리고 난 후, 곧바로 기분이 어떤지 생각해보는 것이 제일 좋은 방법이다."

이 책에는 좋은 기운만 쏙쏙 빼먹는 '멘탈 뱀파이어'에게 단호히 대처하는 법이 실려 있다. 그동안 내가 얼마나 많은 뱀파이어에게 시달렸는지 알 수 있었다. 좋은 게 좋은 거라고 좋은 관계 유지를 위해 참고 양보하고 지냈다. 정말 어떤 사람은 만난 후 기운이 빠지고 '괜히 만났나?'라는 생각이 든 적이 한두 번이 아닌 사람도 더러 있었다. 그 사람과의 관계 유지를 위해 부단히 애썼던 지난 시간들이 아깝게만 느껴진다. 이 책을 계기로 차츰 시간을 두고 만남을 정리했다. 그리고 나에게 더 집중된 시간을 갖기 위해 책과 친구가 되었다. 지금은 쓸데없는 고민으로 스트레스 받을 일이 없어 너무 홀가분하고 좋다.

박종기 작가의 『지중해 부자』(알에이치코리아)에서 부자가 되기 위한 첫 번째 조건을 체력을 꼽고 있다. "무슨 일을 하긴 해야 하는데 엄두가 안 나거나 귀찮은 사람, 작심삼일로 쉽게 무너지고 조금 하다가 딴짓을 하고 싶은 사람, 마음만 앞서고 행동은 뒷전인 사람… 모두 체력이 약한 사람이다."

나를 두고 하는 말인 것 같아 뜨끔 했다. 어릴 때부터 허약하게 태어나 키우면서 부모님이 힘드셨을 것이다. 살면서 체력의 중요함을 뼈저리게 느낀다. 나의 모든 문제는 바로 체력이 약한 데서 비롯되었음을 알게 해준 책이다.

고영성·신영준 저자의 『완벽한 공부법』(로크미디어)에서 최고의 공부 전략은 체력이라 말하고 있다. "인지심리학자 아서 크래머가 노인들을 대상으로 한 연구에서도 뇌 건강에 가장 큰 호전을 가져다주었던 운동은 근력 강화 운동이 아니라 유산소 운동이었다."

이 책에서도 체력이 있어야 공부를 잘할 수 있으며 걷기나 달리기가 뇌에 영향을 미치며 운동이야말로 최고의 공부 전략임을 강조하고 있다. 걷기의 중요성은 많이 들어왔다. TV에서도 병원에서 고치지 못하는 병을 산에서 생활하며 걷기를 했더니 몸이 좋아졌다는 정보를 봐서 알고 있을 것이다. 나 역시 걷기로 효과를 많이 봤다. 걷기로 인해 소화력이 좋아졌고, 변비로 고생하던 때가 있었는데 언제 그랬냐는 듯 사라졌다. 틀어진 골반이 걸으면서 교정되기도 했다. 아들도 소화기 쪽과 비염으로 고생했는데 등하교를 걷기를 실천하며 나았던 경험이 있다.

그래서 걷기가 뇌에 영향을 미치며 근골격과 순환에도 도움을 준다는 것을 확신한다. 원하는 일을 성취하기 위한 조건으로 체력이 얼마나 중요한지

정말 죽을 것 같아 시작한 독서가 삶을 바꾸었다

알았다. 책을 통해 나의 고질적인 문제가 바로 체력임을 확인했다. 태어나서부터도 몸이 좋지 않았지만 자라면서 허약한 체질로 부모님을 힘들게 했다. 학창 시절엔 집에 오면 내 의지와는 다르게 쓰러지기 바빴다. 잠이 들면 쉽게 깨어나지 못했고, 숙면도 취하지 못했다. 항상 긴장 속에 있었고 예민했다. 잘하고 싶은데 내 뜻대로 안 될 때 정말 미치도록 싫었다. 나는 왜 이렇게 저질 체력인지, 의지가 약한지 되물었지만 어떻게 해결해야 하는지 몰랐다. 누군가 옆에서 나를 관리해줬으면 좋겠다는 생각도 했다. 무슨 일을 하든 체력이 뒷받침되어야 함을 절실히 느낀다.

책을 읽고 단 한 줄이라도 기억에 남는 문장을 찾아보자. 책을 읽으며 기억에 남는 문장을 찾아보면 그 문장은 분명 나에게 영감을 주는 문장이거나 공감 가는 문장일 것이다. 현재 나의 문제이거나 그동안 풀리지 않았던 문제에 대한 답을 얻었을 때이다. 혹은 내가 바라는 일이지만 아직 못한 일에 대한 미련이 남는 경우이다. 같은 책을 읽고도 공감을 받는 문장은 다르다. 그것은 각자의 경험과 살아온 인생이 다르기 때문이다. 또 같은 책을 처음 읽었을 때와 재독했을 때 마음에 와닿는 문장은 다를 것이다. 그것 또한 내가 책을 통해 성장하고 있음을 증명하는 것이며, 책을 내 것으로 만드는 작업이다. 그때와 지금의 상황이 달라졌음을 알 수 있다. 책을 읽으며 나에게 와닿는 문장을 찾아 기록해보자. 일정 기간이 지난 뒤 재독으로 내가 얼마나 성장했는지 확인해보길 바란다.

08
내용을 오래 기억하고 싶다면 노트에 옮겨 적어라

손으로 쓴 것은 장기기억으로 저장된다

우리는 독서의 중요성을 알고 있다. 그런데 알고 있지만, 책을 읽지 못하는 이유가 무엇일까? 바빠서? 아니면 흥미가 없어서일까? 나도 학창 시절 책을 좋아하고 싶었다. 그런데 좀처럼 글이 내 눈에 들어오지 않았다. 몇 번의 시도 끝에 흉내만 내다가 책을 보지 않게 되었다.

지금 생각해보면 책 선정이 잘못되었거나 독서 습관이 잡히지 않았기 때문이다. 독서 초보가 고전부터 잡고 읽으려고 했으니 얼마나 힘들었을까? 겨우 한 권을 다 읽고 나면 뿌듯함도 잠시, 책을 덮고 나면 기억에 남는 것이 거

정말 죽을 것 같아 시작한 독서가 삶을 바꾸었다

의 없었다. 분명 읽을 땐 감명받아 마음에 새기는 부분이 많았는데 말이다. 그 이후로 책에 줄도 긋고 메모도 하게 되었다.

책장에 꽂힌 책을 바라본다. 제목을 보면 대략의 내용조차 생각이 안 날 때도 있다. 딱 한 줄로 내용이 함축된다. 좀 더 구체적인 내용은 머릿속에 떠오르지 않는다. 그럴 때면 내가 책을 제대로 읽은 것이 맞나? 의구심이 들 때도 있다. 참 답답할 노릇이다. 책을 읽은 후 오랫동안 기억에 남게 할 방법이 없을까? 우리가 책을 읽을 땐 눈으로만 읽는다. 오감을 다 사용하면 눈으로만 읽을 때보다 기억이 더 오래간다.

"손은 바깥으로 드러난 또 하나의 두뇌다."라고 칸트가 말했다.
즉 손은 제2의 두뇌라는 사실을 칸트도 언급하고 있다. 손을 자주 사용할수록 뇌가 활성화되어 지능이 발달하게 되어 있다. 뇌를 좀 더 적극적으로 사용해보면 어떨까? 손 자극을 통해 뇌를 발달시켜보자. 우리는 은연중에 손을 사용하면 뇌가 발달한다는 사실을 경험으로 알고 있다. 그래서 아이가 태어나면 소근육을 발달시키기 위해 손가락 운동을 시켰다. 우리 선조들도 손이 두뇌 자극에 도움이 됨을 알았던 것일까? 지금도 젓가락으로 콩 집기, 모래 놀이, 블록 맞추기, 퍼즐 맞추기, 바느질, 찰흙 놀이, 피아노, 그림 그리기 등을 하며 뇌를 발달시키고 있다. 초등 저학년 땐 국어 교과서에 바른 글씨 쓰기에 기름종이가 붙어 있었다. 베껴 쓰기를 하며 예쁜 글씨 쓰기 연습을 했던 기억이 난다. 이것 역시 예쁜 글씨뿐만 아니라 두뇌 자극을 위한 수단이 아니었을까 추정해본다. 연필을 쥐고 글씨를 쓰는 자체가 두뇌 자극에 도움이 된다. 이 모든 활동이 뇌와 연관이 있다.

내가 책을 읽어도 머릿속에 잘 저장되지 않았던 이유를 찾았다. 바로 눈으로만 읽었기 때문이다. 열심히 눈으로 독서를 한들 남는 것은 거의 없다. 많은 사람이 이렇게 독서를 하고 있다. 정독한다고 해도 눈으로만 읽으면 독서효과는 급격히 떨어진다. 내가 아는 지인은 읽은 책을 더 잘 기억하기 위해 마인드맵을 사용한다. 그녀가 만든 마인드맵을 보면 책을 읽지 않은 나조차도 책 한 권 읽은 느낌이 들 정도로 머릿속에 그려진다. 뇌는 시각에 더 활발히 반응한다는 것을 적용한 것이다. 마인드맵이 익숙하지 않아 미루고 있다면 간단하게 정리해보길 바란다. 한눈에 정리가 되고, 정리 과정에서 사고가 깊어지며, 기억력 향상과 창의력 발전에 기여하는 장점이 있다.

하버드대에서 실험했다. 똑같은 강의 듣게 하고 한 부류는 노트북으로 참여하게 하고, 다른 한 부류는 노트와 펜만으로 강의에 참여하게 했다. 강의가 끝난 후 시험을 치렀다. 어떤 실험인지 알겠는가? 손을 적절하게 사용했을 때 기억력을 평가한 것이다. 자판 기록과 필기구 기록의 실험 결과 자판보다 필기구를 사용해서 공부했을 때 시험성적이 더 좋았다. 이는 필기구를 사용하면 좀 더 섬세하게 손가락 근육을 사용하게 되어 뇌 자극에 영향을 끼치는 것이다. 요즘 대부분은 손으로 필기를 하지 않는다. 물론 노트북 사용만으로도 손가락 자극으로 뇌에 영향을 미칠 수 있다. 하지만 실험 결과 노트 필기를 하게 했던 그룹에서 뇌의 활성도가 더 크게 향상된 것으로 나타났다. 이 실험 결과에서도 말해주듯이 필기구를 사용하면 선을 긋는 동작에서 정교한 움직임이 영상과 함께 뇌에 전달된다. 다시 말해 노트북 사용시의 터치 자극을 넘어 필기할 때 모든 손가락의 미세한 움직임이 뇌에 영향을 미친 결과이다.

EBS 〈공부의 왕도〉에 출연한 학생들의 공통점은 단연 다른 학생들보다 공부를 열심히 해서 성과를 올린 학생들이다. 그들의 공부 방법에도 공통점이 있었다. 그 공통점 중 하나는 바로 책을 읽은 후 노트에 내용 정리를 했다는 사실이다. 책 한 권의 많은 양이 군더더기를 제하고 핵심 내용과 부연 설명까지 눈에 띄게 정리가 잘되어 있었다. 복습할 때 이 노트를 보며 시간 단축과 이전 공부한 내용이 반복되면서 장기기억으로 저장되는 것이다. 뇌는 반복을 통해 장기기억으로 저장한다. 또 감정을 느꼈을 때도 장기기억으로 저장한다. 손으로 쓴 것은 장기기억으로 저장된다. 여기서 우리가 짐작할 수 있는 것은 노트 기록이 장기기억으로 저장하는 데 도움이 된다는 사실이다. 즉 반복을 통한 장기기억법임을 알 수 있다.

독서 후 시간이 지나면 제목과 주제만이 머릿속에 남아 있다. 읽은 기억은 어렴풋이 남아 있는데 좀 더 구체적인 내용이 떠오르지 않으면 답답함을 느낀다. 나의 경험이다. 이런 답답함을 없애기 위해 줄도 긋고, 책에 메모도 하지만 책을 펼쳐볼 때만 확인이 가능하다. 전혀 기록을 안 하는 것보다 낫지만 효율적인 방법을 찾아보자. 방법은 간단하다. 책을 읽으며 인상적인 부분이나 이해하기 어려운 부분을 줄을 긋고 노트에 옮겨 적는다. 내 생각도 기록한다. 이렇게 하면 노트를 볼 때마다 작가가 말하고자 하는 의도를 알게 되고 책에 대해 깊이 이해하게 된다. 내 사고력 또한 향상됨을 느낄 수 있다.

독서 노트를 마련한 후 어떻게 작성할 것인가? 먼저 쓴 날짜, 책 제목, 저자, 출판사를 기록한다. 중요 문장을 필사한다. 책을 읽으며 밑줄 친 문장 중에서 선별한다. 저자가 말하고자 하는 핵심 문장을 찾아 적는다. 나의 고민이나 문제 해결에 관련된 문장, 꼭 기억하고 싶은 문장, 인용하고 싶은 문장, 아름다운 말 등을 찾아 필사한다. 여기서 중요한 것은 요약해서 적지 말고 꼭 한 글자도 빼먹지 말고 옮겨 적자. 또 페이지도 꼭 찾아 적어놓자. 나중에 인용할 때 책을 다시 찾아야 하는 수고를 덜 수 있다. 필사 후 다시 읽으며 떠오르는 생각 또는 질문도 적어보자. 책을 읽고 깨달은 것, 얻은 것도 독서 노트에 적는다. 이 책에서 내가 배울 점은 무엇인지, 활용할 것이 어떤 것이 있는지 편하게 적어보자. 여기서 꼭 짚고 넘겨야 할 것이 있다. 바로 인용과 내 생각을 구별하는 것이다. 내 생각과 저자의 생각을 꼭 구별해서 쓰자.

어떤 사람들은 책을 통으로 베껴 쓰는 사람도 있다. 필사의 목적에 따라

정말 죽을 것 같아 시작한 독서가 삶을 바꾸었다

달라지지만 통으로 베껴 쓸 때의 장점은 앞뒤 문맥의 구조를 알 수 있다는 것이다. 또 저자의 사고를 고스란히 느낄 수 있다는 장점이 있다. 목적에 따라 통 필사를 할 것인지 부분 필사를 할 것인지 선택하면 된다.

책장 정리를 하다 오래된 노트를 한 권 발견했다. 아들의 일기장이었다. 유치원 때부터 써온 일기장을 버리지 않고 고이 간직했던 것을 깜박 잊고 있었다. 다시 펼쳐보며 그때를 추억해본다. 10년 전 일이 이렇게 생생할 수가 없다. 나의 일기장은 어디로 사라졌는지 찾을 길이 없다. 20년 결혼 생활 동안 굵직한 사건들만 기억 속에 머물러 있다. 그 기억들도 되새겨 생각했던 것만 오랜 기억으로 남아 있는 것 같다. 요즘 깜박할 때가 자주 생긴다면 기록을 해보길 권한다.

책도 마찬가지다. 책을 통해 배우고 깨닫고 성장한다. 그러나 기록을 안 하다 보니 예전에 내가 어떤 책을 읽고 감명을 받았는지 알 길이 없다. 읽은 책인지 읽지 않은 책인지조차도 가물가물하니 안타깝기 그지없다. 책만큼은 읽은 후 어떤 방식으로라도 기록을 해야 함을 절실히 느낀다. 좀 귀찮더라도 기록하는 습관을 들이길 바란다. 이제부터 자기만의 방식을 찾아 책을 읽은 후 노트에 기록해보자. 전자메모장에 기록하든 블로그나 에버노드에 기록하든 본인이 편한 방법을 찾아보자. 의미 있는 기록으로 시간이 지나도 오래도록 남는 독서를 하기 바란다.

정말 죽을 것 같아 시작한 독서가 삶을 바꾸었다

• PART 3

내게 맞는 책
고르는 법

01
나의 수준에 맞는 책을 읽어라

어려운 어휘가 많아 이해하지 못하면 수준에 맞지 않는 책이다

중학교 때 내 짝꿍은 독서광이었다. 그녀는 책에 빠져 산다고 해도 과언이 아니었다. 수업 중에도 교과서 밑에 책을 숨기며 읽고, 책상 서랍에 넣고 비스듬히 빼서 읽기도 했다. 교과서를 세우고 노트 필기 하는 척 읽기도 하고, 도시락을 먹으며 읽기도 했다. 손에서 책이 떨어지질 않았다. 그런 그녀에게 방해가 될까 얘기도 자주 못 했던 기억이 난다. 참 신기했다. 그렇게 책에 빠져 사는 그녀가 부러울 때도 종종 있었다. 그녀는 다양한 책을 봤다. 지금 이떻게 살고 있는지 무척 궁금해진다. 그녀를 따라 나도 책을 보기 시작했다. 그때 읽었던 책이 앙드레 지드의 『좁은 문』(범우사)이다. 이 책은 이해하기 어려웠다. 작은 글씨로 책을 보는 내내 힘들었던 기억이 있다. 결국, 몇 페이지 넘기지도 못하고 끙끙대다 책을 덮었던 기억이 난다. 사실 나는 고전이나 중고등학교 필독서를 보고 책을 선정했다. 독후감 과제가 있는 책들 위주로 읽었다. 독후감을 제출해야 하는 부담감 때문에 책이 재미있진 않았다. 독서량이 거의 없었던 나에게 중고등학교 필독서는 맞지 않았다. 독서 초보가 고전부터 읽었으니 꾸준한 독서를 할 수 없었던 것은 당연하다. 그 당시 책 읽기는 나를 힘들게 했던 불편한 행위였다.

나이에 맞는 책이 아니라 독서량에 따라 독서 수준이 정해진다. 독서량이 없는 성인은 초등학생이 읽을 법한 책을 읽어도 무방하다. 『일독 일행 독서법』(북로그컴퍼니)의 저자 유근용 작가는 다음과 같이 말하고 있다.

"남을 의식하며 내 수준에 맞지 않는 책을 들고 다니는 것보다 남이 손가락질하더라도 내 수준에 맞는 책을 읽는 게 현명한 일이라고 믿었다."

저자는 쉬운 책을 통해 이해력과 집중력도 좋아지고, 독서 습관도 잡을 수 있었다고 말한다.

책에 흥미를 갖지 못하는 것은 독서량의 부족도 있겠지만 그 분야에 관심이 없을 때도 책 읽기가 힘들어진다. 우리는 책 한 권을 읽기 시작하면 완독해야 한다는 부담감을 가지고 있다. 이해가 되지 않는 어려운 책을 끝까지 읽을 필요는 없다. 이해되지 않는 책을 붙들고 시간 낭비하기엔 완독 후의 효율성은 너무 낮다. 시간 낭비와 체력 소비만 있을 뿐이다. 아직은 그 분야에

정말 죽을 것 같아 시작한 독서가 삶을 바꾸었다

관심이 없거나 독서량이 부족해 독서 수준이 되지 않았기에 읽히지 않는 것이다. 책을 읽다 어려운 경우 욕심을 내려놓자. 읽을 수준이 될 때를 기다렸다 다시 읽기를 시도해보길 바란다.

그럼 내 수준에 맞는 책인지는 어떻게 알 수 있을까?

서점에 가서 책을 직접 찾아보는 것도 한 방법이다. 책 표지와 목차를 읽어보면 읽고 싶은 부분을 발견하게 된다. 그 부분을 몇 페이지 읽다 보면 관심과 재미를 느끼는 책을 발견하게 된다. 그런 책은 궁금해지고 읽는 속도 역시 빨라진다. 이런 책이 한 권씩 늘다 보면 내 수준에 맞는 책을 찾을 수 있다.

인터넷 서점을 이용하는 방법도 있다. 출판사의 책 소개나 독자들의 서평을 읽어보자. 내 수준보다 어려운 책은 눈에 들어오지 않는 법이다. 관심 없는 분야는 텍스트를 읽어도 전혀 반응이 없다. 또한 관심을 두지 않았던 분야가 흥미롭게 읽힐 때도 있다. 그땐 독서 수준이 이미 그 책을 읽을 수준에 도달했다는 증거다. 관심 분야는 시간과 경험에 따라 조금씩 달라진다. 그러니 관심 없는 분야라고 미리 선을 긋지 말자.

내 수준에 맞는 책은 나이에 따라 정할 수 있는 문제가 아니다. 같은 나이라 할지라도 그 사람의 경험과 성장 속도와 독서량에 따라 달라진다. 내 친구와 나의 사례에서도 보았듯이 나이가 같더라도 경험과 독서량이 많다 보면 당연히 아웃풋도 많아진다. 나의 경우 학창 시절 독서가 부족해서 그만큼 시야도 좁았던 것 같다. 그러니 아웃풋할 게 없었던 거다. 아이를 길러본 부모라면 공감할 것이다. 내 배로 낳아서 같은 환경 속에서 키워도 내외적 성장 속도가 다름을 말이다.

첫째의 경우 책이 장난감이라 할 정도로 책과 가까이 지냈다. 책 속에서 간접 경험을 많이 해서인지 뭐든 거침없고 자신감이 넘쳤다. 상상력 또한 풍부해서 그림으로 표현도 잘했다. 이해하고 사고하는 수준이 또래들보다 뛰어났다. 그래서 학교생활이 참 수월했던 것 같다. 반면 둘째는 책보다 활동적인 것을 더 선호했다. 어릴 때부터 손으로 만지거나 몸으로 움직이는 것을 좋아했다. 그러다 보니 독서할 시간이 자연적으로 줄어들었다. 둘째는 첫째가 가지지 않은 재능을 가지고 있다. 손으로 사물을 표현하고 만드는 능력이 정말 놀라울 정도로 뛰어나다. 운동 신경도 첫째보다 좋다. 미적 감각도 어릴 때부터 남달랐다. 내가 키우면서 실수한 것은 첫째를 기준으로 둘째도 4살이 되기 전 한글을 당연히 뗄 줄 알았다는 것이다. 그래서 똑같은 책을 같은 시기에 내밀었지만 같은 상황은 벌어지지 않았다.

둘째가 초등 저학년 때의 일이다. 잠시 낮잠을 자고 있는데 벨 소리에 잠이 깼다. 차에 다양한 책이 있으니 가지고 있는 책과 바꿔서 보라는 것이다. 잠이 덜 깬 상태인데 그 영업사원은 집으로 무작정 들어왔고, 책장에 꽂힌 책들을 보더니 아이의 나이를 물어봤다. 그러더니 아이가 읽을 수준의 책이 없

정말 죽을 것 같아 시작한 독서가 삶을 바꾸었다

다면서 판매 책자를 꺼냈다. 판매를 위해 적극적으로 나오는데 안 당할 수가 없었다. 가지고 있는 책을 좋은 가격에 매입하겠다며 누구나 들으면 알 만한 출판사의 책만 골라 가격을 매기고, 오래된 책은 아예 가져갈 생각을 안 하는 것이다. 그렇게 좋은 책도 뺏기고, 아이 수준에 맞는 책을 사게 되었다. 순식간에 벌어진 일이다. 정신을 차리고 보니 황당하기 그지없었다. 다행히 주문한 책은 왔지만 아이는 그 책을 좋아하지 않았다. 지금도 그때를 생각하면 '눈뜨고 코 베인다'는 속담이 떠오른다. 내 어리석음에 강매당한 책 사건이다. 아무리 그 나이 때에 꼭 알아야 하는 상식이더라도 그 아이의 인지 수준과 경험, 독서량에 따라 독서 계획은 달라져야 한다.

대학을 나왔다고 해서 그들이 생각하는 수준이 비슷하다고 생각하는가? 석사 박사도 그들이 전공한 분야에서만 전문가로 인정받을 수 있다. 그 사람의 관심 분야와 독서량에 따라 독서 수준은 달라진다.

나에게 맞는 책을 어떻게 선택할까? 지금 당장 어떤 책을 선택해야 할지 모르는 사람은 생각해보길 바란다. 현재 내가 하는 고민거리가 무엇인지? 문제라고 생각하는 것이 있는가? 고민과 문제를 해결해줄 수 있는 책이면 지금 당장 읽기 좋은 책이다. 지금 내가 하는 고민, 직장 생활의 문제점이나 인간관계, 투자 문제, 부동산, 주식, 자녀 교육 문제, 부부간갈등 문제, 진로 문제, 건강 문제 등 내가 하는 고민의 해답을 찾을 수 있으면 모두 내게 맞는 책이다. 물론 얼마나 깊이 있게 보느냐에 따라 난이도가 달라지겠지만 쉽게 볼 수 있는 책을 선택하면 된다. 내 수준에 맞는 책으로 고르자. 내가 하는 고민이 당장 많다고 하더라도 한 가지 문제에 대해 차근차근 해결해가는 게 좋다. 이때 한 권으로 부족하니 적어도 두세 권은 봐야 문제 해결에 객관적인 도움을 받을 수 있을 것이다.

사람마다 좋은 책의 기준은 달라져야 한다. 나에게 좋은 책의 기준은 바로 내 수준에 맞는 책이다. 너무 어려운 어휘가 많아 이해하지 못하면 수준에 맞지 않는 책이다. 반면 너무 쉬워서 얻는 것이 없어도 책장을 덮어버리기 쉽다. 보통 70/30 법칙으로 아는 내용이 70%, 모르는 내용이 30%면 적당하다고 한다. 50/50도 괜찮다고 본다. 정확히 알지 못해도 상관없다. 책 구매 후 선택에 실패해도 상관없다. 다음에 수준이 될 때 읽으면 된다. 처음부터 본인에게 딱 맞는 수준을 찾기란 어렵다. 몇 번 시도하다 보면 편안하게 선택할 수 있는 때가 온다. 누가 뭐래도 내 수준에 맞는 책이 좋은 책이다.

02
베스트셀러가 아니라 끌리는 책을 먼저 읽어라

관심사나 현재 문제를 해결하고픈 마음에서 그 책이 끌리는 것이다

당신은 서점을 가면 제일 먼저 어디를 가서 책을 찾는가? 가장 눈에 띄는 곳으로 향할 것이다. 일단 베스트셀러 매대에서 요즘 팔리는 책들을 살펴보고 사야 할 책을 고를 것이다.

베스트셀러란 어떤 책인가? 일정 기간에 가장 많이 팔리는 책을 가리키는 말이다. 작가라면 자신의 책이 베스트셀러가 되길 기대한다. 독자들은 '베스트셀러'는 믿고 보는 좋은 책일 거란 생각을 한다. 과연 베스트셀러가 좋은 책일까? 좋은 책일 수도 있고 그렇지 않을 수도 있다. 많이 팔리는 책이라고 꼭 좋은 책이라 단정하기는 섣부른 감이 있다.

　온라인 백과사전인 '나무위키'에는 "베스트셀러란 일정 기간 가장 많이 팔리는 책의 목록이다. 때문에, 그 시대의 유행이나 흐름, 출판사의 홍보 전략 등에 크게 좌우되는 경향이 강하다."라고 기재되어 있다. 출판사의 홍보 전략에 넘어갈 수도 있다. 또 요즘은 유명 유튜버들이 출판사의 광고비를 받고 책을 홍보하기도 한다. 즉 베스트셀러란 어떤 방법으로든 사람들에게 관심을 많이 받는 책이라고 하는 게 낫겠다. 여기서 짚고 가야 할 부분이 있다. 출판사의 홍보나 유명 유튜버가 소개한 책이 무조건 좋은 책이라고 맹신하지 말자. 출판사의 광고 제의로 홍보하는 경우가 많다는 것을 알고 있어야 한다.

　서점을 가면 누구나가 먼저 둘러보는 곳이 바로 베스트셀러 매대일 것이다. 요즘 사람들이 관심을 두는 책이 어떤 책인지 둘러보고 본인이 원하는 책을 구매한다. 나조차도 예전엔 꼭 베스트셀러를 먼저 읽어야 하는 줄 알았다. 그래야 책 선정에 대한 실패율을 줄일 수 있다고 생각했다. 또 요즘 뜨는 베스트셀러를 모르면 책을 읽지 않는 사람으로 오해를 받을까, 대화에서 소외될까 더 열심히 보려고 애썼던 기억이 난다. 과연 그럴까? 내 관심 분야가 아님에도 베스트셀러라는 이유로 꼭 읽으려고 했던 지난날들이 생각난다.

　장기간 꾸준히 팔리는 책을 '스테디셀러(Steady Seller)'라고 한다. 스테디셀러는 처음 인기를 끌지 못해도 장기간 꾸준히 독자들로부터 사랑받는 책이다. 베스트셀러가 됐던 책이 스테디셀러가 되는 경우가 있다. 많은 사람이 꾸준히 사랑한 책은 읽어도 무관하다. 하지만 지금 당장 어떤 책을 읽어야 할지 모르겠다면 내가 평소에 관심을 두었던 분야의 스테디셀러를 읽어보자.

요즘 서점에 가면 눈길이 가는 책이 있다. 2년 전부터 관심이 가는 분야의 책이 하나씩 들어온다. 학창 시절에는 윤리 과목을 싫어했다. 철학자들이 말하는 메시지는 비슷한데 좀처럼 애매해서 구별하기가 힘들었다. 철학과를 가는 사람을 이해하지 못했다. 대부분 철학과는 성적이 낮은 사람이 가는 과로 비인기 학과로 인식하고 있을 것이다. '철학을 배워 뭐 하냐? 밥이라도 먹고살 수 있나?'라는 말을 많이 들었을 것이다. 지금도 철학과를 무시하는 사람들이 많다. 나도 철학은 참 어렵게 느껴지는 분야다. 그런 내가 삶이 꼬여갈수록 아주 진중하게 삶을 어떻게 살아야 하는지, 어떻게 사는 것이 잘 사는 것인지 생각에 잠기곤 한다. 사실 삶에 관한 생각은 살아오면서 많이 했다. 이제는 나의 관심 분야의 폭이 넓어지고 있다. 철학, 인문학, 심리학, 뇌 과학, 경제경영, 마케팅, 예술 등 예전에는 생각하지 못했던 부분까지 관심이 확장되고 있다.

결혼 후 1년이 지나고 아버님이 지병으로 세상을 떠나셨다. 문제는 그때부터 고개를 내밀고 드러나기 시작했다. 여느 집이나 마찬가지겠지만 재산 문제로 싸움이 시작되었다. 순간 잘못된 결혼에 너무 혼란스러웠고 벗어나고 싶었다. 내가 바라는 결혼 생활이 아니었다. 그 순간에도 난 나만 생각한 게 아니라 친정 부모님을 생각했다. 딸이 결혼한 지 1년 만에 발생한 일을 알게 되시면 얼마나 충격을 받을지 눈앞에 선했다. 내가 결혼할 때 모두 부러워했었다. 좋은 집안, 좋은 배우자 만나 걱정 없이 살 거라고…. 이런 일은 상상도 못 했다.

친정아버지께서 항상 딸들에게 하신 말씀이 귓가에 선하다.

"배우자는 바른 교육을 받고 올바르게 자란 사람이어야 한다."
"집안이 제대로 되어야 한다. 결혼 잘못하면 평생 고달프다."

아버지가 하신 말씀이 귓가에 맴돌았다. '아버지는 이런 문제를 염두에 두고 하신 말씀이었구나! 아 어떡하지?' 참을 수 없을 정도로 서글펐다. 꿈이었으면 좋겠다고 생각했다. 나는 그저 평범한 집안에 시집가서 마음 편하게 살고 싶었다. 그런데 마음이 불편하다 못 해 불안하고 스트레스까지 받았다. 뱃속 아기한테 너무 미안했다. 행복해야 할 신혼 때 내게 닥친 문제는 나를 작게 만들었고, 세상으로부터 멀어지게 했다.

시댁은 그 옛날엔 잘살았나 보다. 시부모님 두 분은 배울 만큼 다들 배우셨고, 남편 역시 나무랄 데 없이 착하게 바르게 자랐기에 거부감이 없었다.

정말 죽을 것 같아 시작한 독서가 삶을 바꾸었다

내가 두려웠던 것은 시아버님의 죽음으로 이 싸움이 길어질 것이라는 불길한 예감 때문이었다. 난 싸움에 휘말리기 싫은데 가족이니 어쩔 수 없이 참여해야 하는 게 싫었다. 내 의지와는 다르게 임신한 상태에서 스트레스를 많이 받았다. 끝난 줄 알았던 문제는 5년 전 또다시 고개를 내밀었다.

벗어나고 싶었다. 그냥 절에 들어가서 아무 생각 없이 살고 싶었다. 어떻게 사는 게 잘 사는 걸까? 삶이란 내 뜻대로 되지 않는 것 같았다. 스스로 울타리를 치며 세상에 나를 숨기며 살았다. 내가 이렇게 사노라 알려질까 싫었다. 내 자존감은 한순간 다 무너졌다. 스님들을 보며 무념무상에 젖어 살고 싶다는 생각이 들었다. 나에게 문제가 닥치니 철학이, 인문학이 내 눈에 들어오기 시작했다. 최근에는 철학을 쉽게 설명해주어 이해하기가 쉬워졌다. 삶의 지혜를 얻기 위해 많은 사람이 법륜스님의 강의를 듣고 가르침과 깨달음을 얻는다. 각자가 가진 문제를 해결하고 싶어 강연장까지 찾아간다. 또 혜민 스님의 『멈추면, 비로소 보이는 것들』(쌤앤파커스)을 보며 마음공부를 한다. 앞만 보고 사는 대로 살아왔기에 놓친 것들이 많이 있다. 책을 보며 마음의 쉼도 가져본다.

철학자 강신주의 저서 『강신주의 감정수업』(민음사)에서 저자는 다음과 같이 말한다.

"감정을 죽이는 것. 혹은 감정을 누르는 것은 불행일 수밖에 없다. 살아 있으면서 죽은 척하는 것이 어떻게 행복이겠는가. 그러니 다시 감정을 살려내야만 한다."

이 책에서 저자는 감정은 지키고 살려야 한다고 주장하고 있다. 내가 결혼해서 스트레스를 많이 받았던 것은 전혀 상관없었던 일을 가족이란 연으로 짊어지고 가야 하는 것이었다. 모두가 다 피해자라 생각했으리라. 사실 누가 시킨 것은 아니다. 하지만 나는 그렇게 내 감정을 숨기며 살았다. 시댁 식구들 앞에서 내 의사를 제대로 전달하지 못했다. 감정을 억누르고 살아야 한다는 것이 답답했다. 숨을 쉴 수가 없었다. 숨을 몰아쉬는 습관이 생겼다. 눈에 보이지 않는 억압이 나를 더 괴롭혔다. 결단을 내리고자 몇 번을 다짐했다. 남편이 원망스럽기도 했고, 한편으론 불쌍하기도 했다.

『100억 부자 생각의 비밀 필사 노트』(위닝북스)의 저자 김태광 작가의 글이 위로가 많이 되었다. 주옥같은 말들이 너무 많아 그날의 감정과 일치할 땐 힘을 얻곤 했다.

"시련은 우리가 어떤 죄를 지었기 때문에 닥친 것이 아니다. 우리에게 필요하기 때문에 주어진 것이다. 시련은 대나무의 마디와 같다."

정말 죽을 것 같아 시작한 독서가 삶을 바꾸었다

이 말을 들으니 그래도 견딜 만했다. 시련이 나에게 오는 이유가 있다고. 지금은 너무 나약하니 정신없이 흔들어 나를 깨우치게 하기 위함이라는 것을 알게 되었다. 다시 에너지가 돌기 시작했다. 이제 나를 자책하지 않기로 했다. 과거의 선택을 후회하는 것이 의미 없음을 알게 되었다. 시련이 나의 나약함을 더 굳게 만들기 위한 것이라 생각하니 마음이 더 단단해짐을 느낄 수 있었다. 대나무처럼 단단해지기로 다짐했다. 내 감정에 좀 더 솔직해지자 다짐해본다.

이렇듯 책을 통해 내 마음의 문제까지 바라볼 수 있는 눈이 생겼다. 현재 끌리는 책은 나의 관심사나 현재의 문제를 해결하고픈 마음 때문에 그 책이 끌리는 것이다. 지금껏 풀리지 않는 문제 역시 내가 고르는 책에 영향을 미친다. 앞에서 소개한 책들은 모두 스테디셀러다. 꾸준히 사람들의 사랑과 관심을 받고 있다. 나에게 문제가 없었다면 이런 책은 관심 밖이었을 것이다. 지금도 좋은 책이 빛을 발하지 못하고 서점 한 모퉁이 책장에 꽂혀 오랜 시간 독자를 기다리고 있다. 이제부터 베스트셀러가 아니라 끌리는 책부터 먼저 읽어보길 바란다.

03
더 나은 삶을 바란다면 자기 계발서는 필수다

자기 성장과 성공을 하고 싶다면 인문학과 자기 계발서는 꼭 읽어라

9년 전 극도의 우울감에 빠졌다. 태어나 37년을 넘게 살아온 부산을 떠나는 게 무척 싫었다. 40평대 아파트를 장만하고 친환경 벽지 마루를 시공하고 정말 내가 원하는 모습으로 인테리어를 했다. 평생 산다고 생각했다. 샹들리에 조명까지 직접 골라 집을 꾸몄다. 아들 방은 소나무 향과 산소가 뿜어져 나오는 벽지로 시공했다. 다른 방은 편백나무 벽지로 음이온과 항균, 탈취, 습도 조절까지 되는 천연벽지로 시공했다. 환경호르몬이 나오지 않게 밀가루 풀로 시공을 했다. 시공 후 바로 집에 들어가도 전혀 냄새가 나지 않았다. 주방 역시 화이트 원목 주방은 나를 주방에 오래 머물게 했다. 집에 들어

정말 죽을 것 같아 시작한 독서가 삶을 바꾸었다

서면 피톤치드 향으로 머리가 상쾌해지기까지 했다. 발품을 팔아가며 인테리어를 했던 집이라 정이 들었다. 그런 집에서 딱 1년을 살았다. 애착을 가졌던 집을 떠나야 하는 것이 못내 아쉬웠다. 남 주기가 싫어 전세를 놓고 이사 왔지만 계속 시간이 지날수록 다시 부산을 내려가는 것은 힘들어졌다.

버스가 나를 더 우울하게 했다. 곧 폐차장에 가야 할 버스들이 도로를 달리고 있었다. 사람들은 도로를 아무렇지도 않게 무단횡단을 했다. 충격이었다. 도시에서 시골에 온 느낌을 받았다. 또 한 풍경은 고급 수입차들이 너무 많았다. 뭐라 설명할 수 없는 극과 극의 풍경들. 이사 오는 날 폭설이 왔다. 며칠을 계속 내리는 눈만 바라보았다. 집 앞은 KTX가 서도 때도 없이 달렸다. 아는 이 한 명 없는 낯선 곳에 남편을 따라 왔다. 그곳은 적막했다. 눈으로 덮인 세상은 나를 더 우울하게 만들었다. 달리는 열차를 바라보며 인생이 왜 그리 허무해 보였는지. 기차를 타고 혼자 부산으로 떠나고 싶었다. 지금 생각하면 그때 우울증이 있지 않았나 생각이 든다.

무기력한 날이 계속되자 다시 활기를 찾지 않으면 죽을 것 같았다. 그 시점에 지인이 자살했다는 소식이 들려왔다. 술을 마시지도 못하는 사람이 소주 한 병을 마시고 아파트에서 뛰어내린 것이다. 순간 '아차' 했다. 이유를 알 수 없었다. 그녀는 경제적으로도 부유했고, 하고 싶은 걸 하며 살았다. 아주 자유로웠다. 타인의 부러움을 한몸에 받았던 사람인데 젊은 나이에 너무 안타까웠다. 나중에 이유를 알게 되었다. 우울증이라고 했다. '우울증이 이렇게 무섭구나. 어린 자식을 두고…' 한순간에 벌어진 일이라고 했다. 나도 이대로 두면 불상사가 일어날 것 같았다. 정신을 차리고 보니 눈에 넣어도 아프지 않은 내 귀한 아들, 딸이 보였다. 다시 활기를 찾고 싶었다. 그런데 무엇을 어떻게 해야 할지 몰랐다. 나도 열정을 찾고 싶고 원하는 것을 위해 매진하고 싶었다. '누군가 나에게 길을 가르쳐주면 좋겠다. 그러면 훌훌 털고 일어날 기운을 얻을 텐데…'

그때 김미경 강사가 눈에 들어왔다. 그녀의 지치지 않는 열정이 어디에서 나올까? 궁금했다. 그때쯤 앞집에 사는 언니의 권유로 건강식품과 천연화장품을 사용하며 나의 무기력은 사라졌다. 에너지가 다시 살아났다. 좋은 식품 때문인지, 나를 아끼고 사랑하는 마음 때문인지 아니면 사람들과 어울리며 활동을 시작한 덕분인지 모르겠다. 그런데 이 생활도 오래 지속하지 않았다. 그 이후로 건강 관련된 일을 하며 영업도 했다. 자유롭게 시외로 나가다 보니 가슴이 뻥 뚫리듯 기분이 좋았다. 이것도 잠시 뭔가 가슴에 채워지지 않는 공허함이 자리 잡았다. 무엇으로 이 공허함을 채울까?

지금은 공허함을 못 느낀다. 자기 계발로 행복한 시간을 보내고 있다. 겉으로 채워지는 물질의 풍족도 나에게 만족을 주지만 내면이 채워질 때의 행복감은 느껴본 사람만 알 수 있다. 그동안 자기 계발을 하려고 하면 주변에서

정말 죽을 것 같아 시작한 독서가 삶을 바꾸었다

부정적인 말을 많이 했다. 컴퓨터를 배워야겠다고 하면 다 이렇게 말했다.

"지금 네가 배우느니 네 아들이 배우는 게 훨씬 빠르겠다."
"지금 배워서 뭐 하게?"
"시간 낭비, 돈 낭비하지 말고 애들 뒷바라지나 해라."
"요즘 한가한가 봐."

그 말을 들은 지 벌써 10년이 훨씬 넘었다. 사실 눈이 안 좋아 라식 수술을 해서 컴퓨터도, 스마트폰도 오래 보지 못한다. 밤 운전도 되도록 하지 않는다. 눈이 부시고 빨리 피곤해져서 한 시간도 들여다보기 힘이 들 정도다. 조금이라도 오래 보면 눈물이 하염없이 쏟아진다. 나의 상태를 알기에 컴퓨터 배우기를 미뤘던 것 같다. 그래서 컴퓨터로 작업하는 것은 쳐다도 보지 않았다. 기계치라 조금 두렵기도 했다. 그들의 말을 위안 삼고 싶었을지도 모른다. 고등학교 때 정치경제를 가르쳤던 선생님의 말씀이 기억난다.

"영어와 컴퓨터는 대학 가서도 꼭 완성도 있게 배워놓아라."

선생님은 나에게 신신당부하셨다. 그런데 아직도 쉽지만은 않다. 영어와 컴퓨터는 자기 계발에서 빠지지 않는 순위에 들어 있다. 영어로 말하고 싶은 맘이 항상 있었다. 조성희 작가의 『조성희의 마인드 파워로 영어 먹어버리기』(클라우드나인) 수업을 통해 알게 된 사실이 있다. 영어 역시 잘하기 위해서 마인드 셋을 하고 잠재의식을 활용해야 한다는 것이다. 마인드 셋을 하면 두려움이 줄어든다. 열정을 끌어올리기 위해 '조성희의 마인드 스쿨' 수업을 듣게 되었다. 그곳에서 성공학의 거장 나폴레온 힐을 알게 되었다. 나폴레온 힐의 저서 『놓치고 싶지 않은 나의 꿈, 나의 인생』(국일미디어)을 읽으며 사고의 힘을 알게 되었다. 잠재의식의 놀라운 힘을 알게 되면서 가슴이 뜨거워지기 시작했다.

생각에 따라 삶이 달라지는 것을 알고 생각을 바꾸고 행동으로 습관을 만들기 시작했다. 알람을 설정하지 않고 일주일 이상 혼자 일어나는 경험도 했다. 정말 신기한 경험이었다. 그래서 잠재의식의 힘이 얼마나 대단한지 나는 말할 수 있다. 의식을 집중하고 끊임없이 훈련하면 가능하다. 조셉 머피의 『잠재의식의 힘』(미래지식)에서도 "잠재의식의 힘은 기적을 일으킨다. 긍정적인 잠재의식은 좋은 습관을 만들고 좋은 습관은 인생의 성공을 부른다."라고 말하고 있다. 잠재의식의 힘은 가히 대단하다고 말하고 싶다.

네빌 고다드는 『상상의 힘』, 『믿음으로 걸어라』(서른세개의계단) 등을 통해 자신에 대한 믿음을 가지고 희망을 잠재의식에 주입하면 그 생각이 현실이 된다고 강력하게 말하고 있다. 또 상상하고 이미 이루어진 결말의 관점에서 시작하라고 한다. 이 책들을 통해 믿음과 사랑을 배우게 되었다. 모든 것은

정말 죽을 것 같아 시작한 독서가 삶을 바꾸었다

나의 믿음이 우선되어야 한다.

오리슨 S. 마든의 저서『부의 비밀』(나래북)은 스스로 환경을 바꾸기 위해서는 먼저 사고를 바꿔야 한다고 말한다. 예를 들어 대학에 떨어진다 생각하는 아이는 실제로도 대학에 갈 수 없다. 우리가 어떤 사고를 하느냐에 따라 그대로 현현된다는 말이다. 그만큼 사고가 중요함을 말하고 있다.

하브 에커의『백만장자 시크릿』(RHK)에서는 우리가 무엇을 배우고 얼마나 많은 일을 하든지 무의식이 '성공'으로 세팅되지 않으면 달라지는 건 없을 것이라고 말한다. 모든 자기 계발서에서는 강조하고 있다. 나를 계발시키는 원동력은 '사고'에 있다고. 그럼 이 '사고'를 어떻게 끌어올릴 것인가? 자기 계발 최적의 도구는 바로 책이다. 그중에서도 성장을 위한 자기 계발서이다. 어떤 이는 자기 계발서는 항상 똑같은 말뿐이라고 보지 않는다고 한다. 자기 계발서를 봤다면 뭔가 결과가 있어야 한다. 인간이 갈고 닦아야 할 기본적 소양은 특별할 건 없다. 하지만 그 기본을 갈고 닦지 않는 사람들이 많다. 습관이 하나씩 늘어날 때 나의 모습은 어떻게 변화되어 있을까? 모름지기 지금보다 훨씬 나은 모습이 되어 있을 것이라 장담한다. 나는 자기 계발서를 읽으며 에너지를 얻는다. 성공한 사람들의 성장 과정을 보면 누구라도 노력하면 가능하다는 메시지를 준다. 가능성의 메시지, 희망 메시지가 없던 열정을 끌어올려준다.

책을 읽는 목적에 따라 책 선택도 달라야 한다. 단순한 취미나 교양을 쌓기 위해서라면 자기 계발서는 목적에 안 맞다. 책을 읽는 목적에 맞게 찾아야 한다. 그러나 더 나은 삶을 바란다면 자기 계발서는 필수다. 자기 성장과 성공을 하고 싶다면 인문학과 자기 계발서는 꼭 읽어보길 바란다. 인문학은 사람에 대한 학문이다. 인문학을 알고 나면 삶의 목적과 방향이 잡힐 것이다. 인문학과 함께 자기 계발서로 한 단계 더 성장한 자신을 만나길 바란다.

정말 죽을 것 같아 시작한 독서가 삶을 바꾸었다

04
한 분야의 책을 10권 이상 읽어라

만약 30권 이상 읽는다면 준전문가의 모습을 갖추게 될 것이다

새로 이사 갈 집을 계약하고 왔다. 둘째가 학교 다니기 편했으면 해서 학교와 생활권이 편한 곳으로 계약을 했다. 둘째도 날 닮았는지 체력이 약하다. 막내라 애착이 많이 간다. 둘째를 위한 배려 차원에서 이사를 결정했다. 그런데 마음 한구석에 걱정이 스멀스멀 올라온다. 살던 집이 아직 계약 전이다. 집을 내놓은 지 몇 달이 지났다. 집 보러 오는 이가 없었다. 집주인은 집이 나가야 전세금을 준다고 했다. 열심히 쓸고 닦고 정리하고 애를 썼지만 전화 한 통 걸려오지 않았다.

'혹시라도 세입자가 안 들어오면 어쩌지?'

걱정으로 다른 일이 손에 잡히지 않았다. 살면서 이런 스트레스는 처음이다. 몇 날 며칠을 잠을 이루지 못했다. 정해진 날짜에 새집으로 이사 가지 못하면 계약금의 2배를 배상해야 한다. 정말 큰일이다. 하루하루 시간은 흘러갔다. '어떡하지…'

불안한 마음을 달래기 위해 책을 들었다. 고이케 히로시 저자의 『2억 빚을 진 내게 우주님이 가르쳐준 운이 풀리는 말버릇』(나무생각)과 이시다 히사쓰구 저자의 『3개의 소원 100일의 기적』(김영사). 이 책 2권을 가볍게 읽으며 불안한 마음이 조금 사라졌다. '그래, 이번 기회에 한번 책대로 되는지 확인해볼까?' 간절한 마음으로 우주님을 완전히 믿고 기도했다. 잠들기 전 소원을 썼다. 1%의 의심도 없이 말이다. 신기한 일이 벌어졌다. 꿈속에서 벤츠 타는 나를 만났다. 다음 날 내 눈앞에 차량번호 '5555 흰색 벤츠' 믿을 수 없었다.

이사 나가기 하루 전날 피가 거꾸로 서는 듯한 스트레스는 측정 불가로 이대로 그냥 주저앉고 싶었다. 걱정으로 한 달을 보냈다. 잠 못 이룬 지 열흘도 넘었다. 집주인은 천하태평 나만 발을 동동 구르던 그때, 이왕 이렇게 된 것 진짜 제대로 기도하고 100% 믿어보자. 더 이상 방법은 없다. 아침 일찍 출근한 남편에게 메시지를 보냈다. 온 마음을 다해 기도가 이루어진다 생각하고 오늘 내내 기도해달라고 부탁했다.

"집주인은 세입자에게 아주 협조를 잘해줍니다."

정말 죽을 것 같아 시작한 독서가 삶을 바꾸었다

"모든 걱정이 사라집니다."

"일이 술술 풀립니다."

"감사합니다. 사랑합니다. 축복합니다."

평소에 기도라곤 하지도 않고 믿지도 않는다. 그런데 이 기도를 아침부터 남편과 나는 계속했다. 오후 5시쯤 남편이 흥분된 어조로 전화가 왔다.

"자기 기도 빨 죽이네."

"집주인이 대출해서 전세금 미리 입금했어."

정말 기적이 아닐 수 없었다. 이사 나가기도 전에 미리 돈을 마련해준 것이다. 또 이사 날짜가 변동이 생겨 일주일을 그냥 머물게 해주셨다. 한 달을 피 말리며 잠 못 이룬 거 생각하면 억울하지만 그래도 마지막 날 호의를 베풀어준 집주인께 감사했다. 사실 이런 분류의 책은 믿기지도 않고, 많은 사람은 가볍게 읽고 넘긴다. 예전 론다 번의 『시크릿(The secret)』(살림Biz)을 보면서 과연 그럴까? 의구심이 생겼다. 하지만 이제 마음이 달라졌다. 믿는 만큼 이루어진다는 것을 확신한다.

『2억 빚을 진 내게 우주님이 가르쳐준 운이 풀리는 말버릇』(나무생각)의 저자 고이케 히로시는 다음과 같이 말한다.

"입 밖으로 나온 말은 진동한다. 말에는 영혼이 깃들어 있다. 우리는 예전부터 말에 강력한 에너지가 깃들어 있다는 사실을 알고 있었다. 사람은 잠재의식을 통하여 평소의 말버릇을 우주로 보낸다."

이 책에서는 말의 힘이 우주로 증폭되어 소원이 이루어진다고 말한다. 이 책을 시작으로 나에게 끌려왔던 책들이 있다. 지금 보니 모두 비슷한 종류다. 김상운 저자의 『왓칭』(정신 세계사)은 관찰자의 눈으로 자신을 바라보고 내면을 들여다보라고 말한다. 문제를 객관화해서 해결하는 방법을 실사례를 들어 과학적 방법을 동원하여 설명하고 있다. 마이클 A. 싱어의 『될 일은 된다』(정신세계사)는 삶의 흐름에 내맡기기를 할 때 진정 자유로워짐을 말하고 있다.

이시다 히사쓰구의 『3개의 소원 100일의 기적』(김영사)는 종이 위에 씀으로 인해 소원을 계속 생각하게 되고, 그 목표가 결국 이루어진다. 동시에 실행법을 상세히 설명하고 있다. 김민기·조우석 작가의 『행운사용법』(문학동네)은 '좋은 대학에 가면 성공하고 출세하고 행복할 것'이라는 대한민국의 성공 공식의 허무함을 저자는 직접 경험한다. 행복한 성공법칙은 무의식의 지혜가 인생을 좌우함을 알려주고 있다.

그 외 아리나 작가의 『기적을 만드는 의식혁명』(위닝북스)은 산티아고 순례길에서 깨달은 것을, 윤석준 작가의 『왓처』(왓칭하우스)는 생각을 뛰어넘는 능력자가 되는 방법을, 웨인 다이어의 『확신의 힘』(21세기북스)은 생각하는 대로 이루어진다는 것을 확신의 힘에 대한 사례를 통해 설명한다. 조성희 작가의 『더 플러스』(유영), 에스더 힉스·제리 힉스의 『머니룰』(나비랑북스) 등이 책들의 공통점을 찾게 되었다. 모두가 한결같이 말하는 결론은 일맥상통한다. '긍정적인 생각과 말로 삶을 변화시켜 수 있다.', '마음에 집중하기', '원하는 상태가 이미 이루어졌다고 생각하기.' 이제 당신이 직접 행동해보고 경험해보길 바란다는 메시지다.

『나를 살리는 감사의 기적』(돌아온탕자) 을 쓴 이진희 작가는 나의 지인이다. 그녀가 책을 쓰고 있다고 했을 때 정말 놀라웠다. 나와 비슷한 나이인데 그녀가 너무 대단해 보였다. 그녀를 안 지 3년이 되어간다. 마스터 마인드 수업 때 만난 그녀를 보며 아무 걱정 없이 사는 사람인 줄 알았다. 매번 밝은 웃음과 사랑과 배려가 몸에 묻어났다. 수업 때마다 동기들에게 사랑이 담긴 엽서와 간식을 준비해왔다. 그녀가 준 엽서를 보며 너무 감사했고 행복했다. 그녀는 감사를 실천하고 사랑을 전하는 일을 몸소 실천하고 있었다. 한번은 내가 전화해서 물어봤다.

"대표님은 부잔가 봐요. 항상 간식을 이렇게 준비하려면 비용이 만만찮을 텐데…. 저도 감사를 표현하고 싶은데 지금은 여유가 없어서 마음뿐이네요."

나는 돌아오는 그녀의 말을 듣고 적잖이 놀랐다. 그녀 역시 풍족한 게 아니었다. 주어진 상황과는 다르게 밝은 빛을 내뿜는 그녀가 대단하고 아름답게 보였다. 나는 그녀 앞에 나에 대한 불평을 토로했다 다시 삼켰다. 감히 그녀 앞에서 말할 자격이 되지 않았다. 같은 여자로서 정말 존경스러웠다. 며느리, 아내, 엄마의 역할까지 완벽했다. 자신을 사랑하는 마음까지 완벽해서 빈틈이 보이지 않았다. 그야말로 책에서 나온 듯한 착각이 들 정도였다. 그녀는 책을 통해 끊임없이 노력했고 감사일기를 쓰며 감사 생활의 기적을 맛보고 있었다. 5년 동안 블로그에 하루도 거르지 않고 감사일기가 기록되어 있다. 그녀의 삶을 보며 깨달음을 얻는다. 내 또래라서 그 깨달음이 더 큰 것 같다. 우리는 책을 보며 내 삶에 실행을 얼마나 할까? 묻고 싶다. 내 주위에도 좋은 책을 권하면 이미 아는 척부터 한다. 아는 것과 행하는 것은 엄연히 다르다.

『성공하는 사람들의 7가지 습관』(김영사)의 저자 스티븐 코비 박사의 강연을 들은 독자가 있었다. 스티븐 코비 박사와 잠시 미팅할 기회를 얻은 그는 박사님께 질문했다.

"스티븐 코비 박사님, 세 번째 습관 '소중한 것을 먼저 하라.' 이것이 중요한 것은 알겠는데 저는 적용이 너무 어려워요."

정말 죽을 것 같아 시작한 독서가 삶을 바꾸었다

그러자 스티븐 코비 박사는 말했다.

"실행하지 않는다면 아는 것이 아니다."

If You Don't Do It.

You Don't Know Yet!

- Stephen R. Covey

우리는 흔히 아는 것을 '안다.'라고 말한다. 그런데 스티븐 코비 박사는 '실행이 안 되면 그것은 아는 것이 아니다.'라고 말한다. 한 권의 책을 읽고 그 분야를 다 아는 것처럼 말하는 것은 섣부른 욕심이다. 하지만 같은 분야의 책을 10권 이상 읽다 보면 자연스럽게 체득이 된다. 어떤 분야든 성장을 위한 책 읽기는 적어도 10권 이상 해보길 바란다. 만약 30권 이상 읽는다면 준전문가의 모습을 갖추게 될 것이다.

05
좋아하는 작가가 쓴 책을 모두 읽어라

작가가 추구하는 삶과 생각, 가치관을 송두리째 알 수 있다

당신은 좋아하는 작가가 있는가? 연예인의 이름은 알고 있어도 좋아하는 작가가 있냐고 물어보면 뜬금없는 질문에 빤히 쳐다본다. 좋아하는 작가가 있냐는 질문에는 시큰둥했던 사람이 좋아하는 연예인을 물어보니 급 얼굴에 화색이 돈다. 좋아하는 작가를 물어볼 땐 말을 얼버무리더니….

여기서 최근까지 독서를 한 분은 바로 작가의 이름을 댈 수 있다. 아직도 우리나라에 책 읽는 사람이 많지 않음을 알 수 있다. 나 역시도 학창 시절엔 재미없는 독서로 독서에 흥미를 붙이지 못했다. 독서에 꼬리를 물며 시작한

정말 죽을 것 같아 시작한 독서가 삶을 바꾸었다

독서는 2년 전부터 시작된 것 같다. 그러면서 좋아하는 작가도 한 분씩 늘기 시작했다.

예전에는 책을 읽으면 막연히 '안 읽는 것보다 낫겠지. 누가 책 읽으면 좋은지 모르는 사람 있나?'라며 책 읽기를 권하는 사람이 왠지 잘난 척하는 것처럼 느껴졌다. 그런 내가 책을 본격적으로 읽기 시작하면서 내 삶이 달라졌다. 우리가 일상적으로 생각하는 독서의 유용성보다 훨씬 크게 작용했다. 이제야 중요성을 안 것에 후회도 되지만 이제는 독서를 많이 한 사람을 우러러볼 정도로 존경심까지 생기기 시작했다. 물론 책을 많이 읽었다고 해서 다 존경하는 것은 아니다. 보편적으로 책을 많이 읽는 사람은 확실히 사고의 깊이와 공감 능력이 남다름을 알 수 있다. 문제를 바라보는 시각 역시 남다르다.

다른 사람의 책을 많이 읽어라.
그가 고생하여 얻은 지식을 아주 쉽게 내 것으로 만들 수 있고,
그것으로 자기 발전을 이룰 수 있다.
- 소크라테스

소크라테스는 책을 읽으므로 다른 사람이 고생해서 알게 된 지식을 쉽게 내 것으로 만들 수 있다고 했다. 맞는 말이다. 나보다 먼저 시행착오를 겪은

사람들의 지혜를 고스란히 손쉽게 얻는 방법이 바로 책 읽기다. 단돈 1~2만 원으로 지혜를 얻고 세월을 벌 수 있다. 이 얼마나 가치가 큰가? 책 한 권을 읽고 작가가 좋아지기 시작했다. 처음은 일방적인 사랑으로 시작한다. 작가의 생각을 글로 만날 수 있음에 너무 감사하고 행복했다. 나와 비슷한 생각에 동질감을 느꼈다. 미처 알지 못한 것을 알게 되었을 때 보석을 찾은 것처럼 흥분되었다. 배움이 성장이 되고 내면이 채워졌다. 자기 만족감과 더불어 나를 사랑하게 되었다.

주변인으로 인해 성처가 크면 클수록 책과의 만남이 더 소중하고 값어치가 높아진다. 주변인과는 할 말, 안 할 말 따져가며 신경 써서 대화한다. 조심스럽다. 은근 신경을 쓰니 피곤하다. 하지만 책은 그럴 필요가 없다. 마음 편하게 읽고 내 생각을 자유롭게 표현해도 누가 나서서 참견하지 않는다. 남 눈치 보지 않고 좋은 정보를 얻고 지혜도 얻을 수 있다.

2018년 봄 김승호 회장의 저서 『알면서도 알지 못하는 것들』(스노우폭스북스)을 읽게 되었다. 이 책을 읽으며 삶의 방향키를 찾게 되었다. 이 책은 인생 철학책으로 권하고 싶다. 7전 8기 사업하며 성공으로 성사시킨 저자가 정말 대단해 보였다. 어떤 사람인지 궁금증이 생겼고 연이어 『생각의 비밀』(황금사자)도 읽었다. 그가 키운 사업가이자 작가인 『파리에서 도시락을 파는 여자』(다산3.0)를 쓴 켈리 최 작가도 알게 되었다. 강연회가 있으면 찾아다녔다.

　　　　　　　　정말 죽을 것 같아 시작한 독서가 삶을 바꾸었다

그해 5월 부산 자갈치에서 토크쇼가 있었다. 신청했지만 정원 초과로 내 자리는 마련되지 않았다.

그 뒤로 11월 서울에서 열린 강연회에 참석하며 실제 모습도 보고, 사진도 함께 찍는 기회를 얻었다. 그때 돈에 대한 비밀을 알게 되었다. 역시나 부자들은 돈 관리부터 남달랐다. 하나부터 열까지 모두 내가 고쳐야 할 부분이었다. 가르침을 더 받고 싶었으나 사장만을 가르치는 '사장학' 강의만 개설되어 있어 책으로만 만족해야 했다. 지금 『돈의 속성』(스노우폭스북스)이 발간되었다. 2년 전 너무 열심히 들어서일까? 기억이 선명하다. 이 책을 소장하며 다시 한 번 돈에 대해 배워보는 시간을 갖는다. 김승호 회장님의 삶을 바라보는 가치관이 내가 추구하는 방향과 비슷해서 계속 배움을 이어나가고 싶다.

또 평범한 사람들에게 삶의 희망을 주는 대한민국 책 쓰기 천재 코치 김태광 작가가 있다. 그는 24년간 250권의 저서를 쓰고 9년간 1,000명의 작가를 배출했다. '대한민국기록문화대상', '대한민국신창조인대상', '대한민국공감브랜드혁신경영대상', '대한민국혁신대상', '책쓰기코칭부문대상' 등 수상 이력이 있다. '사람은 희망 앞에 절대 죽음을 선택하지 않는다'는 것을 그의 삶을 통해 알게 되었다. 누군가 믿어주고 가능성을 응원한다는 것은 정말 큰 힘이 된다. 평범한 사람이 작가가 되어 에너지 넘치는 삶을 살아가는 모습을 보며, 그가 얼마나 큰일을 해내고 있는지 가늠해본다.

『마흔, 당신의 책을 써라』(글로세움), 『100억 부자 생각의 비밀』(위닝북스), 『출근 전 2시간』(위닝북스), 『하루 10분 글쓰기의 힘』(위닝북스), 『내가 100억 부자가 된 7가지 비밀』(미다스북스), 『김 대리는 어떻게 1개월 만에 작가가 됐을까』(미다스북스), 『평범한 사람을 1개월 만에 작가로 만드는 책 쓰기 특강』(위닝북스) 등 그의 책을 10권 정도 읽은 것 같다.

"사람은 누구나 자기 이름으로 된 책을 출간하고 싶어 한다. 자기 이름으로 된 책을 써라."

그의 책을 읽으면 정말 평범한 사람도 책을 쓸 수 있음을 확신한다. 지금 껏 성공해야만 책을 쓸 수 있다고 생각했다. 하지만 책을 쓰고 난 후 성장하고 인생이 바뀐 사람도 많다는 것을 알게 되었다. 자신의 경험과 깨달음이 담긴 스토리가 어떤 스펙보다 낫다고 강조한다. 김태광 작가의 책을 보며 내 스토리를 글로 옮길 생각을 하게 되었다.

아무리 보잘것없는 스토리도 이 세상 하나뿐이다. 좋아하는 작가의 책을 읽다 보면 작가의 경험과 지혜는 말할 것도 없고 작가가 추구하는 삶과 생각, 가치관을 송두리째 알 수 있다. 그는 많은 평범한 사람들이 작가의 삶을 살도록 도움을 주고 있다.

정말 죽을 것 같아 시작한 독서가 삶을 바꾸었다

2018년 내가 새로운 삶을 살고자 할 때 만났던 꿈 친구들이 있다. 그중 두 분은 지금 작가가 되어 활동하고 있다. 그 당시 책을 집필 중이었다. 내 얘기를 듣고선 책을 쓸 수 있다고 가능성을 열어준 『그때 멈추지 않아서 다행이다』(Jinhan M&B)의 저자 유복순 작가님의 한마디가 나에게 힘이 되었다. 그리고 소개받은 『꿈을 완성시키는 마지막 1% 정성』(멘토르), 『DID로 세상을 이겨라』(성공신화), 『킬링 리더 & 힐링 리더』(스타리치북스), 『세상을 이기는 힘 들이대 DID』(멘토르), 『내 상처의 크기가 내 사명의 크기다』(스타리치북스) 등 많은 저서를 출간하신 송수용 작가님이 있다. 그는 우리나라 최고의 동기 부여 강사다. 『내 상처의 크기가 내 사명의 크기다』에서 송수용 작가는 "인생은 그릇이 큰 사람에게 큰 시련을 준다."면서 자신에게 아픈 일들이 있었던 것은 운이 나빠서가 아니라 '자신이 감당해야 할 사명이 있었기 때문'이라고 말한다.

이 이야기를 들으며 많은 생각을 하게 되었다. 『꿈을 완성시키는 마지막 1% 정성』(멘토르)을 읽으며 나의 사고에 잘못 고정된 인식을 바꾸고 싶었다. 용기를 내야 할 때인데 망설이기도 여러 번, 반성도 많이 했다. 『내 상처의 크기가 내 사명의 크기다』(스타리치북스)는 120편의 짧은 글 속에 작가가 전하고자 하는 메시지가 담겨 있다. 심금을 울리는 글이 대부분이다. 영상 속 녹자의 마음까지 읽어내시는 모습에 정말 놀라움을 감출 수 없었다. 삶을 바라보는 관점을 보며 작가님의 혜안에 감동이 밀려든다.

그 외 독서를 하면서 내 주위엔 함께하고픈 작가들이 넘쳐난다. 최근엔 인문학에 관심이 많다. 강연을 들으면 들을수록 빠져들고 철학자가 좋아진다. 철학자 강신주의 『강신주의 감정수업』(민음사)에는 "감정도 지키고 살려야 한다.", "사랑하는 사람이 망가졌을 때 보살피고 싶은 마음이 든다면 사랑한다는 증거다.", "우리는 감정이 묻어난 것만 기억난다." 등 연신 고개를 끄덕이게 만드는 구절이 대단히 많다. 강신주 철학자를 통해 인문학에 가까워지고 나를 돌아보게 된다.

광고인이자 작가인 박웅현의 『여덟 단어』(북하우스)에서는 인생을 대하는 자세를 배웠다. 박웅현 작가의 글을 보면 내가 참 괜찮은 사람이 된다. 내가 생각하는 가치관과 많이 닮았다.

아직 열거를 다 못했지만 좋아하는 작가들이 많다. 나는 그들에게 한 가지씩 배움과 지혜를 얻는다. 책을 읽으면 좋아하는 작가가 많이 생긴다. 책 한 권을 시작으로 연속된 책 읽기로 그 작가의 가치관도 알게 된다. 같은 생각에서 맞장구치고 몰랐던 혜안을 얻게 되면서 기쁨으로 충만해진다. 앞으로 어떻게 살아갈지 이정표를 세울 수 있다.

좋아하는 작가라고 해서 그 작가의 전부를 좋아하는 것은 아니다. 작가마다 내가 공감하고 추구하고 싶은 부분만 닮아가고 싶을 뿐이다. 아직 좋아

정말 죽을 것 같아 시작한 독서가 삶을 바꾸었다

하는 작가가 없다면 끌리는 책부터 읽어보자. 책이 늘어날수록 좋아하는 작가가 생길 것이다. 좋아하는 작가가 생기면 그 작가의 책을 모두 읽어보자. 그 작가만이 추구하는 삶의 원칙과 방향을 알 수 있다. 내가 닮고 싶은 부분만 얻으면 된다. 책을 통해 세상과 소통해보길 바란다.

06
반드시 표지 문구와 목차를 확인 후 고른다

표지에는 책의 주제와 작가가 전달하고자 하는 내용이 함축되어 있다

어느 날부터 온라인 서점에서 유독 눈에 들어오는 제목의 책이 있다. 뭐지? 나의 궁금증이 발동했다. 이 책의 제목은 박웅현의 『책은 도끼다』(북하우스)와 『다시, 책은 도끼다』(북하우스), 『여덟 단어』(북하우스)라는 책이다. '책은 도끼다'를 여러 번 되뇌어본다. 왜 작가는 제목을 이렇게 지었을까? 책 표지 띠지에 다음과 같이 쓰여 있었다.

책은 얼어붙은 감수성을 깨는 도끼가 돼야 한다.
– 프란츠 카프카

정말 죽을 것 같아 시작한 독서가 삶을 바꾸었다

유대계의 독일인 작가 프란츠 카프카가 한 말을 인용한 것을 알게 되었다. 띠지의 설명을 보고서야 작가가 이 책에서 어떤 말을 하고 싶은지 이해가 되었다. 보통의 책들은 제목에 작가가 얘기하고자 하는 부분이 함축되어 있다. 제목과 함께 표지에 적힌 문구를 보면 이 책이 나의 관심을 끄는지 알 수 있다. 이로 인해 카프카를 알게 되고 그의 책에도 관심 두게 되었다.

프란츠 카프카의 『변신』(문학동네)을 읽고 가족에게 느끼는 인간 소외 현상을 생각해보는 시간을 가졌다. 극단적인 상황에서 가족들이 내뱉는 말과 행동에 가족의 의미를 다시 생각하게 하는 작품이다. 카프카의 작품으로 그를 알게 되고 다른 작품까지 관심을 두게 되었다. 『선고』, 『심판』, 『성』은 모두 카프카의 작품이다. 박웅현 작가도 카프카의 책에서 영감을 얻은 것 같다. 어렵게만 느꼈던 고전이 이제야 눈에 들어오기 시작한다.

고전문학을 알기 쉽게 풀어서 강연해주시는 박대호 대표님을 알게 되었다. 그를 통해 시대를 초월해 가치를 인정받는 고전 문학예술 작품을 바라보고 해석하는 힘을 키워가고 있다.

쏟아지는 책들 속에서 좋은 책을 어떻게 고를까? 비슷한 종류의 책 세복에서 1차로 걸러지고 나면 다음은 목차에서 내가 궁금해하는 부분이 있는지 확인한다. 목차는 책이 어떤 내용을 담고 있는지 요약해서 알려주는 뼈대라 보면 된다. 목차가 유용한 책을 선택하면 실패할 확률은 줄어든다. 짧은 시간 읽고 싶은 책을 찾는 방법은 책 표지를 보는 것이다. 이것은 아이나 어른이나 다 마찬가지이다. 아이들을 데리고 서점에 가면 누가 가르쳐주지 않아도 책 표지를 먼저 본다. 그리고서 책장을 쭈르륵 넘겨본다. 목차도 보고 마지막으로 저자도 보고 앞뒤 표지의 글을 살핀 후 선택한다. 이 방법만으로도 책에서 전달하고자 하는 것을 대략 알 수 있다.

책은 제목 장사라고 한다. 제목을 수정하고 판매가 잘된 책들이 많다. 그만큼 책 제목은 신중하게 정해야 한다. 다음은 제목을 바꿔 베스트셀러가 된 책들이다. 혜민 스님의 『멈추면, 비로소 보이는 것들』(쌤앤파커스)의 원제는 '조금만 더 천천히 가세요'이다. 확실히 시선 끌기에 부족함이 느껴진다. 김진명의 『무궁화 꽃이 피었습니다』(새움)의 원제목은 '플루토늄의 행방'이다. 파울로 코엘료의 『연금술사』(문학동네)의 원제목은 '꿈을 찾아 떠나는 양치기 소년'이다. 무라카미 하루키의 『상실의 시대』(문학사상사)는 원제목이 『노르웨이의 숲』(현재는 『노르웨이의 숲』으로도 나와 있다.)이다.

보는 바와 같이 제목의 중요성을 이제 알았을 것이다. 제목은 지나가는 사람의 시선을 멈추게 해야 한다. 궁금해서 책을 집도록 해야 한다는 말이다. 우리가 백화점에 가서 지나다가 눈길이 가는 매장의 디스플레이를 보면 멈춰서 매장 안으로 들어가게 되는 것과 같은 이치다. 책 제목과 표지는 보여주는 마케팅이라 하는 게 맞겠다. 표지는 책의 얼굴이라 해도 과언이 아니다. 비단 어디 그게 책뿐이랴. 사람도 물건도 첫인상에서 50%는 간택된다고 감히 말하고 싶다.

예전엔 책을 살 때 목차를 유심히 보지 않고 대강 보고 샀다. 그러다 보니 선택한 책이 이미 아는 내용과 중복이 많이 되었고, 또 어떤 책은 내가 원하던 책이 아닌 경우도 있었다. 우리 아이들이 어릴 때 이런 경우가 가끔 있었는데, 표지만 보고 선택해서 집에 와서 원하던 책이 아니라고 읽지 않았던 것이다. 사실 이런 실수를 범하기 쉬운 책은 바로 전집류이다. 전집류의 경우 전체가 다 좋은 책이라 말하기 힘들다. 그래서 전집류를 구매할 땐 신중해야 한다.

그때 이후 목차는 반드시 확인하는 필수 요소가 되었다. 광고나 책 소개 글에는 홍보를 위한 과장된 글이 많이 섞여 있다. 하지만 목차의 경우 과장이 있을 수 없으며, 있는 그대로 쓸 수밖에 없다. 목차는 책의 뼈대라고 보면 된다. 그래서 책의 전개 과정을 한눈에 파악할 수 있다. 목차를 통해 내가 얻고자 하는 부분을 발췌해서 읽을 수도 있다. 대강 읽고 넘길 부분, 집중해서 읽을 부분을 확인할 수 있다. 시간 단축의 효과도 누릴 수 있는 장점이 바로 목차 때문에 가능한 것이다. 하여 나는 책을 살 때 반드시 목차를 확인 후에 구매한다. 목차를 보면 내게 필요한지 필요 없는지를 한눈에 알 수 있다. 그 이후 책 구매의 실패가 줄었다.

다음으로 확인하는 것은 저자 소개와 저자가 쓴 서문이다. 저자 소개만 보더라도 어떤 삶을 살았는지 알 수 있다. 이 책의 스토리를 저자의 경험을 통해 어떻게 풀어나갈지 예측할 수 있다. 서문에서 저자는 어떤 생각으로 책을 쓰게 되었는지 이 책을 통해 독자에게 전달하고 싶은 부분이 무엇인지 밝히고 있다. 그래서 서문을 읽어보면 책의 전체적인 흐름을 파악하기가 쉽다.

이제는 책 한 권을 선택할 때 신중하다. 어떤 책은 호기심에서 구매하는 책도 있고, 작가의 생각이 궁금해서, 정보를 얻기 위해 구매하기도 한다. 누군가가 추천한다고 무작정 구매하지 않는다. 독서 초보일 땐 책 선정의 기준이 없었기 때문에 추천하는 책을 생각 없이 그냥 읽었다. 베스트셀러라고 하면 당연히 읽는 줄 알았었다. 그러다 보니 다 읽고 나면 허무한 적도 많았다. 내 관심사가 아닌 경우 별 감흥이 없거나 이미 알고 있는 내용에 대해 언급하는 경우 시간 낭비, 돈 낭비, 감정 소모까지 종종 후회가 되기도 했다. 지금은 이런 실수를 하지 않는다.

우리 집은 가족끼리 조조 영화를 가끔 보러 간다.

"내일 영화 볼래?"

"요즘 재미있는 영화가 있나?"

"각자 찾아보고 다수결로 정하자!"

각자가 스마트폰으로 개봉 영화를 검색해본다. 예고편을 보고 서평을 보며 함께 볼 영화를 다수결로 정해서 예매한다. 한번은 임신한 나에게 〈반지의 제왕〉을 보여준 남편에게 엄청 화가 났다. 예쁘고 좋은 것만 보고 싶었는데 영상에서 갑자기 등장한 '골룸' 캐릭터를 보고 기겁을 했던 기억이 난다. 그 후로 꼭 미리 예고편을 보고 난 뒤 영화를 예매한다. 지금은 방식을 조금 바꿔서 예고편을 안 보고 포스트 한 장만 보고 바로 영화 보기를 즐긴다. 예측 없이 보는 영화도 참 흥미진진하다. 책은 영화처럼 예고편 없이 구매해서는 안 된다. 아직은 영화처럼 실패하고 싶지 않은 것이 책을 대하는 태도이다. 책은 아무렇게 덥석덥석 구매하는 것이 아니다.

책을 고를 때는 꼭 표지 문구와 목차를 반드시 확인 후 고르자. 표지에는 책의 주제와 작가가 전달하고자 하는 내용이 함축되어 있다. 목차 역시 작가가 말하고자 하는 내용을 한눈에 파악하기 쉽게 작은 제목으로 구성해놓은 것이다. 일명 책의 뼈대라고 보는 게 맞겠다. 적은 시간 투입으로 원하는 책을 선택하기 위해서 책 표지와 목차를 보는 것은 필수라고 해도 과인이 아니다. 책 표지와 목차를 보고 내용을 가늠해보는 것도 꽤 흥미진진하지 않은가. 같은 제목 다른 사고의 전환도 즐겨보길 바란다.

07
언론 기사, 독서 단체에서 추천하는 책을 읽어라

좀 더 효율적이고 검증된 독서를 위해 꼭 전문가의 도움을 받아라

지인이 허리가 좋지 않다는 것을 알고 책을 선물했다. 나가오 가즈히로의 『병의 90%는 걷기만 해도 낫는다』(북라이프)라는 책이다. 얼마 지나고 책 잘 읽어봤는지 물었더니 책을 어디에 두었는지 기억이 없단다. 순간 나의 마음이 헛되었다는 걸 알게 되었다. 내가 주저리 설명하는 것보다 전문가의 말이 신빙성이 있으니 읽고 행동하기를 바랐다. 상대를 생각하며 기쁜 마음으로 준비한 것인데 상대는 그 마음을 모르고 있었다. 또 한번은 독서 모임에서 작가의 강연에 감명받아 이 책을 읽으면 좋을 것 같은 지인에게 책 선물을 했다. 그도 마찬가지 별 감흥이 없었다.

책에 관심이 없는 사람은 아무리 자신에게 도움이 되는 책을 선물해도 읽지 않는다는 것을 알게 되었다. 내가 여기서 간과한 것은 상대가 원하지 않는 것을 준 것이다. 내가 좋다고 생각한 것이 상대에게도 당연히 좋을 줄 알았다. 나의 착각이었다. 그러고 보니 나도 그런 경험이 있다. 앞집에 사는 언니가 교회에 나오라며 책을 건넸다. 하지만 그 책은 읽지도 않은 채 방치되어 있었다. 책이든 어떤 선물이든 상대가 받고서 기뻐할 수 있는 것인지 생각해야 한다. 내가 좋아하는 것이 결코 상대도 좋아하라는 법은 없다. 그 이후로 책 선물은 더 조심스러워진다.

'과연 그들이 지금 뜨고 있는 유명 작가의 베스트셀러를 선물했다면 책을 읽어봤을까?' 문득 이런 생각이 든다. 어디서 듣도 보도 못 한 책을 선물해서 가치를 못 느껴 책을 읽지 않은 것은 아닐까? 아니면 독서에는 영 취미가 없어서일까? 궁금하다. 아무리 황금 같은 책이라도 그 가치를 모르는 사람에겐 라면 받침대로 쓰일 뿐이다.

불과 10년 전만 하더라도 신문을 구독해서 봤다. 신문값보다 사은품이 더 컸던 기억이 난다. 상품권이나 자전거도 사은품으로 줬다. 그 당시 영업하시는 아저씨의 간절한 부탁으로 1년씩 구독하기도 했다. 신문을 펼쳐보면 메인 기사 다음으로 내 눈에 들어오는 것은 전면을 가득 채우는 광고. 그중에서 책 광고가 많았던 것 같다. 그 광고를 보면 그 책을 읽고 싶어졌다. 그렇게 요즘 유행하는 책을 알게 되었다. 6년 전엔 아이의 경제 공부를 위해 청소년 경제 신문도 구독했다. 지금은 신문을 구독하는 사람이 거의 없다. 스마트폰의 보급으로 인해 굳이 신문을 따로 볼 필요가 없기 때문이다. 나는 스마트폰보다 종이로 활자를 보는 것을 좋아한다. 남편의 한마디에 신문 구독은 중단이 되었다.

"스마트폰에 인터넷 뉴스 다 나오는데 잘 보지도 않는 신문 받을 필요 있나요?"

"그래도 난 종이로 보는 게 좋던데…"

"요즘 뉴스도 스마트폰으로 보는 시대!"

"난 스마트폰으로 보면 눈이 피곤해서…"

그렇게 남편의 한마디로 종이 신문은 우리 집에서 자취를 감췄다.

신문을 보면서 요즘 트렌드 책도 구경했는데 지금은 서점을 가거나 온라인 서점에 들어가서 책 구경을 하게 된다. 스마트폰의 작은 화면으로 보는 것이 여전히 불편하다.

당신은 책을 어디서 추천받는가? 신문은 이제 구독자가 거의 없을 정도로 많이 줄었다. 예전엔 텔레비전 예능 프로나 아침 방송 프로그램에서 작가를 소개하며 책을 추천받는 경우도 많았다. TV 광고에도 책 소개가 됐다. 그런

정말 죽을 것 같아 시작한 독서가 삶을 바꾸었다

데 지금은 텔레비전을 보는 사람이 얼마나 될까? 스마트폰 보급 이후 많이 줄어들었다.

2020년 7월 31일 〈국민일보〉에는 "'섹션TV'에 이어 '한밤'도 폐지…속속 사라지는 TV 연예 프로"란 제목으로 기사가 떴다. 연예 정보 프로그램 SBS '본격 연예 한밤'이 곧 종영한다는 소식을 전했다. SBS TV 측은 '본격연예 한밤'을 폐지하기로 했다고 밝혔다. 제작 환경이 변하고 코로나19로 공연 등의 취재가 어려워졌기 때문이라 했다.

이제는 연예 프로그램도 TV 매체가 아닌 스마트폰으로 접속해서 보는 시대다. 그러니 시청률이 나오지 않아 프로그램 종영이 늘어나고 있다. 그래서 예전처럼 TV 방송에서 책을 추천받았던 것을 이제는 유명 유튜버들에게 추천받는 경우가 많아지고 있다. 작가들도 유튜버가 되어 직접 추천을 하는 경향이다. 출판사에서도 유튜브 광고 채널을 이용해 광고한다. 아마 최근에 당신도 유튜브를 통해 정보를 얻고 책 구매를 했을 것이다.

유튜버의 책 추천을 맹목적으로 다 믿지 않았으면 한다. 구독자가 만 명을 넘으면 유튜브 공인으로 봐야 한다. 그만큼 영향력이 있으니 언행에 책임을 질 수 있어야 한다고 본다. 솔직히 8월까지만 하더라도 유명 유튜버들 중 출판사의 광고비를 받고 책을 추천하는 경우가 많았다. 본인이 자발적으로 읽고 좋아서 추천하는 것과는 엄연한 차이가 난다. 그래서 구독자들은 책 선정에 혼란을 겪을 수 있지만 조금만 신중하면 문제는 없다.

책을 읽지 않을 땐 독서하는 사람이 좀처럼 보이지 않았다. 독서를 시작하면서 내 주위에 독서하는 사람들로 가득하다. 여기저기 독서 모임을 하는 곳도 많이 보인다. 작가가 주최하는 독서 모임도 많다. 생각보다 독서 모임을 통해 책 추천을 받으면 주옥같은 작품들을 많이 만날 수 있다. 분명 내가 책을 선택했다면 어려워서 읽지도 못했을 법한 책들도 많다. 한 권의 책으로 다양한 사람들의 생각을 들어보고 생각을 나누면서 사고의 폭도 넓어진다. 책을 읽고 연구한 후 강의를 하기에 그 강의를 들으면 배경지식과 함께 더 깊은 뜻까지 알게 된다. 그 이후 독서를 한 번 더 하게 되면 어려웠던 책이 쉽게 이해가 된다. 책 한 권을 꼭꼭 씹어 먹게 된다. 독서 활동을 한 책은 기억에도 오래 저장된다. 다음 책을 읽게 될 때 혜안이 조금씩 넓어짐을 느낀다. 성장하는 독서가 되는 셈이다.

아직 독서 모임이 없다면 마음 맞는 사람과 함께 만들어보는 것도 괜찮다. 기존의 독서 모임에 가입하는 것도 추천한다. 출판사의 홍보로 추천 책을 선정하는 것보다 다수의 사람이 읽고 호응이 좋은 책을 읽는 것이 독서 초보가 흔들리지 않고 독서를 하는 데 더 큰 도움이 되리라 생각한다. 독서 단체에서는 검증된 책 위주로 책을 선정한다. 정해진 시간 속에서 꼭 읽어야 하는 좋은 책을 추천하기에 유튜브에서 유튜버들이 소개하는 책보다 믿을 만하다. 여기서 또 짚고 넘어가야 할 것은 유튜버들이 소개하는 책이 검증되지 않았다고 말하는 것은 아니다. 출판사의 홍보를 위한 광고비를 받고 하는 경우가 많으니 잘 선별하자는 것이다.

요즘은 하루에도 많은 책이 쏟아져나오고 있다. 베스트셀러도 참 많다. 그 많은 책을 다 읽기에는 시간이 부족하다. 또 의무감으로 읽다 보면 책이 주는 재미를 잃어버릴 수도 있다. 그러니 그중에서 정말 좋은 책을 골라 읽는 게 중요하다. 주변에 책 추천해줄 사람이 없다면 언론 기사나 독서 단체에서 추천하는 책을 읽으라고 말하고 싶다. 독서 고수가 되면 추천 도서도 필요 없는 시기가 온다. 그때는 내가 원하는 책을 마음껏 읽고 남들이 읽지 않는 책까지도 섭렵하게 된다. 우리는 독서 초보로서 전문가의 도움이 필요하다. 하루에도 엄청난 책들이 쏟아져나오는 출판시장에서 좀 더 효율적이고 검증된 독서를 위해 꼭 전문가의 도움을 받길 바란다. 따라서 먼저 언론 기사와 독서 단체에서 추천하는 책은 꼭 읽어보길 권한다.

정말 죽을 것 같아 시작한 독서가 삶을 바꾸었다

• PART 4

한 권을 읽더라도
즐겁게 생산적인
독서를 하라

01
좋아하는 분야부터 시작하라

관심 가는 분야, 좋아하는 책을 통해 성장하는 확장 독서를 해라

하얀 분필 가루가 모래 위 직선과 곡선을 그리고 있다. 난 모래 위에 드리워진 하얀 분필 가루를 보면 심장이 두근거린다. 물론 초등학교 때의 기억이다. 체육 시간 중에서도 공과 함께하는 시간은 재미가 없었다. 하지만 그 외 '달리기'나 '멀리뛰기'를 할 때면 가슴이 두근거린다. 그중에서도 출발선에 그려진 하얀 분필 가루를 보면 그렇다. 특히 곡선 부분은 유심히 관찰한다. 곡선 부분에서 속도를 조절해서 잘 달려야 함을 몸이 알고 있었나. 신호총을 든 선생님의 팔이 하늘을 향해 올라가는 순간 내 심장의 소리가 귀가 멍할 정도로 크게 뛰었다. 방아쇠가 당겨질 때를 기다리는 몇 초의 순간! 짧지만 긴장감은 최고조다. 운동화 속 발가락도 준비 운동을 한다. 운동화 끈도 동여맨다. 이쯤 되면 준비는 이미 육상선수다. '이번에도 난 잘할 거야!' 그때를 생각하면 미소가 번진다. 약하디 약한 어린 내가 승부욕을 가지고 있었다는 것이 기특하다. 그땐 이상하게 마음만 먹으면 원하는 대로 다 됐던 것 같다. 숨이 차서 가슴이 찢어질 듯 아파도 달려서 1등을 하면 내가 그렇게 자랑스러웠다. 마음만 먹으면 할 수 있다는 가능성과 자신감 때문이었을 것이다. 미술 시간 중 '만들기 시간'도 그랬고, 고등학교 때 지리 선생님을 좋아한 덕분에 지리는 잘했다.

좋아하는 것은 조금만 노력해도 성과가 있으니 재미가 있고 즐거웠다. 그때의 기억으로 학부모 달리기를 나갔다가 깨달았다. 마음은 어린 시절 날쌘돌이었지만, 몸은 이미 중년의 무게로 한없이 무거워져 있다는 것을. 마음과 다르게 몸은 땅과 가까워지니 그나마 얼굴이 쓸리지 않아 다행이었다. 누구나 한 가지 정도 잘하는 것, 자신 있는 것이 있을 것이다. 잘하면 좋아하게 되는 것 같다.

좋아하는 것을 한다는 것은 어떤 의미일까? 요즘은 좋아하는 것이 무엇인지 찾지를 못해 힘들어하는 사람들이 많다. 내 경험을 비추어보면 좋아하는 것에는 에너지가 있다. 몰입도 역시 최상이 된다. 열정은 말할 것도 없이 자연스레 따라온다. 사촌 동생을 보며 배우는 게 많다. 띠동갑인 녀석은 좋아

정말 죽을 것 같아 시작한 독서가 삶을 바꾸었다

하는 일을 하며 자유롭게 살고 있다. 한번 몰입하면 며칠을 밤샐 정도이다. 하루 2시간 자는 건 예사다. 어찌 사람이 그럴 수 있을까? 동생을 통해 광고인들의 노고를 알게 되었다. 창의적인 일을 하는 사람들이 존경스럽다. 정말이지 좋아하지 못하면 절대 할 수 없는 일이다. 좋아하는 일을 찾으면 무한 에너지가 솟아난다는 걸 동생을 통해 느끼고 있다. 하기 싫은 일에선 성과가 나오지 않는다. 어렵고 좋아하지 않는 일을 붙들고 있으면 그것처럼 고역인 것도 없다. 물론 하기 싫어도 해야 하는 일도 있다. 하지만 선택할 수 있다면 좋아하는 것에서 성과를 내면 성취욕을 한 번 맛봤기 때문에 힘든 것도 해내는 힘이 생긴다.

독서를 제대로 하기 위해 마음잡았던 중학교 때 난 고전 책을 먼저 들었다. 쉽게 이해가 되지 않아 재미를 느낄 수가 없었다. 그다음 잡았던 책은 중고등 필독서였다. 공부하기도 부족한 시간에 짬을 내서 책 읽기란 무척 힘이 들었다. 그러다 보니 이왕 읽는 거 필독서를 읽는 게 낫다고 생각했다. 의무감이 들어간 책 선정 때문에 한 권 다 읽기도 힘들고 재미도 없었다.

그때도 독서 코치가 있었다면 얼마나 좋았을까? 지금은 독서 전문가들이 많아서 쉽게 물어보고 책을 고를 수 있다. 그 전에 내가 어떤 책을 읽었을 때 흥미를 느꼈는지 생각해보자. 처음 읽는 책이 어떤가에 따라 앞으로 독서를 꾸준히 할 수 있을지를 가늠할 수 있다.

인문 / 자기 계발 / 경제경영 / 에세이 / 외국어 / 시 / 소설 등 좋아하는 분야를 한번 생각해보자.

나의 경우 자기 계발과 경제경영에 관심이 많다. 내 삶에 바로 영향을 주는 것이고 당장 눈에 보이는 성과가 필요했기 때문이다. 물론 처음부터 이 분야에 끌린 것은 아니다. 20대 때는 시나 에세이가 가볍게 읽기 좋았다. 하지만 결혼 후엔 재테크에 관심이 쏠렸고 자기 계발에 관심이 집중되었다.

재테크를 위해 부동산 공부는 필수라고 생각했다. 부동산에 투자해서 성공한 사람의 책을 처음 읽었을 땐 읽기 전과 읽은 후가 확연히 달랐다. 분명 읽기 전엔 이 책을 통해 나도 부동산 투자를 하고 자산을 늘리고 싶은 마음이었다. 하지만 책을 읽은 후 결국은 부동산 투자할 종잣돈이 필요하다는 것을 알았다. 그 돈이 준비되지 않은 상태에선 어떤 투자도 할 수 없다는 것을 알면서 포기했다. 그림의 떡이라 생각한 것이다.

여기서 나의 실수가 지금은 보인다. 그 당시 연이어 부동산 관련 책들을 더 읽어봐야 했다. 그래서 종잣돈을 어떻게 만들지를 구체적으로 알아야 했다. 그리고 공부를 해야겠다는 생각에 부동산 자격증을 공부했다. 관심 있는 공부여서 할수록 재미가 났다. 너무 공부에 집중한 나머지 어린아이를 보는 것이 귀찮게 여겨졌다. 학교 다녀온 애들을 밖에서 놀게 방치를 했다. 밥

하기도 귀찮았다. 정신을 차리고 나니 엄마의 손길을 기다리는 녀석들이 보였다. 좀 더 키운 다음 공부하기로 다짐했다.

뒤로 미룬 게 벌써 10년이 흘렀다. 아직 부동산 자격증을 보유하지 못했다. 여기서 꼭 말하고 싶은 게 있다. 좋아하고 관심 있는 분야가 있어도 책 한두 권 읽고 그 분야에 대해 아는 것처럼 행동하지 말라는 것이다. 또 해결되지 못한 궁금증이 있다면 알 때까지 찾아서 읽어보길 바란다.

재테크에 관심을 가지면서 생각보다 투자 대비 성과가 좋지 않았다. 지인들의 말에만 신뢰하고 투자를 하다 보니 손실에 대한 책임은 모두 내 몫이었다. 이 상태로는 안 되겠다는 생각에 다시 책을 들었다. 먼저 나의 의식부터 바꿔야 함을 책을 읽으면서 또 깨닫게 되었다. 돈은 급하게 빨리 서두르면 안 들어온다는 것도 역시 경험을 통해 알게 되었다. 『배움을 돈으로 바꾸는 기술』(예문)의 저자 이노우에 히로유키는 인생을 바꾸고 싶다면 지금 당장 공부에 투자하라고 말한다.

배움에 투자하는 것은 손해를 끼칠 일이 없으며, 성과 역시 자기 것이 된다. 평생 마이너스가 되지 않는다. 그렇다. 그동안 나는 배움에 투자하지 않았다. 나의 가치를 저평가했으며, 지금 배운다고 나이길 거란 생각을 하지 않았다. 나에게 배움은 이미 늦었다고 생각하고 아이들 교육에만 투자했다. 이 책을 통해 그동안 내가 허송세월 보낸 시간을 반성했다.

저자는 강력히 말하고 있다.

"자산 투자보다 배움에 투자하라!"

배움은 수익이 약속된 최고의 투자이다. 당신은 나를 성장시키는 투자를 하고 있는가? 다른 투자처를 생각하기 전에 자신에게 우선 투자하는 것이 안전함을 인지하기 바란다.

나 역시 재테크에 관심을 가지며 책을 읽다 보니 자기 계발서까지 읽게 되었다. 자기 계발서를 읽다 보니 의식이 얼마나 중요한지 알게 되었고. 그 이후 의식을 확장할 수 있는 책을 계속해서 읽고 있다. 의식 관련 책들은 온전히 의식에 집중하며 '반드시 이루어진다'는 것을 굳게 믿고 이미 이루어진 상태를 느끼며 상상하며 읽어야 한다. 한때는 의식 관련 책을 많이 읽는 나에게 아들이 한마디한다.

"엄마, 그런 책 말고 다른 책도 좀 읽어. 요즘 읽는 책이 모두 똑같아."

"아들, 너도 이 책들 나중에 시간 되면 꼭 읽어봐. 경제경영서도 읽어야 하지만 그 이전에 의식 책이 먼저야, 알았지?"

고등학생 아들이 보기에도 의식 도서는 허무맹랑해 보이는가 보다. 처음 론다 번의 『시크릿』(살림Biz)이 나왔을 때 충격을 받았다. 믿어지지 않았다.

정말 죽을 것 같아 시작한 독서가 삶을 바꾸었다

하지만 지인들이 의식 도서로 사고가 확연히 달라지면서 하는 일이 크게 성장하는 것을 보고 믿게 되었다. 내가 좋아하는 분야의 책과 함께 의식 도서를 함께 보면 사고의 전환이 확실히 일어남을 느끼게 될 것이다. 남들이 좋다는 책은 그만 읽고 내가 관심 가는 분야, 좋아하는 책을 통해 성장하는 확장 독서를 해라. 한 권을 읽더라도 생산적인 독서로 성장하는 사람이 되길 바란다.

02
항상 책 두 권을 가지고 다녀라

짬짬이 시간 날 때 아주 유용하게 활용될 것이다

2018년 가을 두바이 여행길에 올랐다. 10시간이 넘는 비행시간에 지루함이 몰려왔다. 동남아 여행 때 비행시간의 2배나 걸렸다. 처음에 지인과 이런 저런 얘기로 지루함을 느끼지 못했다. 영화도 보며 여행의 설렘을 만끽했다. 잠이 오면 잠도 자고 기내식과 간식도 먹었다. 슬슬 지루해졌다.

'아, 맞다. 책을 안 가져왔네.' 챙겨야 할 짐이 많아 책 들고 올 생각을 전혀 못 했다. 귀한 시간을 아무 생각 없이 버렸다. '책을 들고 왔으면 얼마나 좋았을까.' 비행시간을 지루하게 보낸 아쉬움이 남는 여행으로 남아 있다.

정말 죽을 것 같아 시작한 독서가 삶을 바꾸었다

당신은 여행을 떠날 때 꼭 챙기는 물건이 있는가? 간단하게 읽을 수 있는 책 한두 권을 지니고 다닐 것을 추천한다. 평소 책을 안 보던 나도 책이 그리워지는 시간이었다. 그 후로는 차에도 책을 한두 권씩 두고 다닌다. 차에서 보내는 시간이 길어질 땐 아주 유용하게 읽게 되어 참 좋다. 지금은 책을 읽고 싶어 여행을 가고 싶을 정도다. 코로나바이러스19 사태로 꼼짝달싹 못 하는 요즘 책과 함께 떠나는 힐링 여행이 그리워진다. 평범했던 일상의 고마움을 깨닫게 되는 요즘이다.

한번은 남편이 책상 위 내 책들을 보며 한마디 한다.

"무슨 책을 한 권씩 읽지 않고 두세 권을 펼쳐놓고 읽어?"

"응. 이렇게도 읽어요. 그때그때 다름요."

"이상하네."

남편의 모습에 혼자 피식 웃는다. 남편이 한소리 하는 데는 이유가 있다. 거실에 자리한 내 책상에 항상 펼쳐져 있는 책 때문이다. 정리정돈을 잘하던 사람이 어느 순간 책상 위 책이 쌓이는 것이 답답했을 것이다. 책꽂이에 꽂아두고 한 권씩 빼서 읽으면 되는데 열 몇 권 정도 올려놓고 두세 권은 펼쳐져 있으니 얼마나 잔소리를 하고 싶었을까? 그래도 참다 참다 이제야 말하는 것을 보니 참을성에 한계가 왔나 보다. 나는 두세 권을 번갈아가며 읽을 때도 있다. 책을 읽다 집중이 안 되거나 이해하기 힘들 땐 그 책을 덮고 다른 책을 본다. 물론 몰입도가 높은 책은 한 권을 금세 다 읽기도 한다.

예전엔 어려운 책을 읽어야 나의 교양 수준도 올라간다 생각했다. 그러다 보니 독서는 내 삶에서 점점 멀어져갔다. 한 권을 잡으면 이해될 때까지 그 책만 들고 있었으니 말이다. 책 읽는 진도가 느리니 성취감도 낮았다. 한 권을 끝까지 읽고 나면 뿌듯함도 잠시, 다음 책 읽기가 조금 부담이 되었다. 그렇게 힘들게 독서를 했다. 의무감에서 시작한 책 읽기는 재미를 주지 않았다. 지금은 행복한 독서를 한다.

나는 외출할 때 꼭 집에서 책을 들고 나간다. 큰아들은 코로나바이러스19로 기숙사에서 통학을 신청했다. 병원도 가는 날이 종종 생겨 통학은 불가피한 것이었다. 아들이 아프면서 내가 할 일이 더 늘어났다. 학교에서 일찍 마치면 내가 나서서 데리고 온다. 어떤 날은 제시간에 안 나와서 한 시간을 차에서 기다린 날도 있다. 어떤 학부모는 스마트폰을 하염없이 보기도 한다. 나 역시 깜박하고 책을 두고 나왔을 땐 어쩔 수 없이 스마트폰을 보기도 했지만, 비효율적인 시간에 짜증이 났다. 그 뒤로 차엔 항상 책이 한두 권씩 비치되어 있다. 혹시나 해서 집에서 나갈 때도 들고 나가는 것이다. 책을 보며 한 시간을 기다릴 때 지루할 틈이 없다. 오히려 늦게 하교하는 아들이 고마울 때도 있다. 책이 주는 보약을 먹어서 그런 것 같다. 책을 읽으면 마음이 편안해진다.

정말 죽을 것 같아 시작한 독서가 삶을 바꾸었다

우리가 알고 있는 위인들도 독서의 중요성을 말하고 있다.

나폴레옹과 알렉산더 대왕은 전쟁 중에도 책을 가지고 다니며 틈만 나면 읽었다고 한다. 적의 손에 바로 죽을 수도 있는 찰나에 책이라니 말도 안 되는 일이다. 곰곰이 생각해봤다. 그런 대범함이 어디에서 나왔을까? 바로 책에 답이 있었다.

안중근 의사 역시 유명한 명언이 있다.

하루라도 책을 읽지 않으면 입안에 가시가 돋는다.

- 안중근

이 말에서 책을 가까이한 안중근 의사의 생활을 엿볼 수 있다. 또 사형 직전 마지막 소원을 묻는 일본군에게 5분의 시간을 요구하며 사형 직전까지 읽지 못한 책을 읽었다는 유명한 일화는 모르는 사람이 없을 정도다.

미국의 제16대 대통령 에이브러험 링컨은 가난으로 정규 교육을 받지 못했다. 하지만 책을 통해 위대한 인물이 되었다. 에이브러험 링컨은 다음과 같이 말했다.

책 두 권 읽는 사람이 책 한 권 읽는 사람을 지배한다.

- 에이브러햄 링컨

투자의 귀재라고 불리며 20세기를 대표하는 미국의 사업가이자 투자가인 워런 버핏은 다음과 같은 말을 남겼다.

한 분야의 전문가가 되려면 다른 사람보다 5배 더 읽어라.
당신은 결코 독서보다 더 좋은 방법은 찾을 수 없을 것이다.
- 워런 버핏

페이스북의 설립자이며 최연소 억만장자인 마크 저커버그는 다음과 같이 말했다.

나의 취미는 그리스 라틴 고전을 원전으로 읽는 것이다.
- 마크 저커버그

미국의 기업가이며 애플사의 창업자 스티브 잡스는 다음과 같이 말했다.

나의 창조적인 원천에는 대학 시절에 했던 고전 읽기 100권 프로그램이 결정적인 영향을 미쳤다.
- 스티브 잡스

미국 마이크로소프트사의 창업자 빌 게이츠는 다음과 같이 말했다.

하버드대 졸업장보다 독서 습관이 더 중요하다.

- 빌 게이츠

우리가 알고 있는 위대한 사람들은 모두 이렇게 책의 중요성을 말하고 있다. 책을 안 읽고도 성공한 사람이 있지만, 책을 읽은 후 성공한 사람들이 더 많다는 것을 알 것이다.

미국의 방송인 오프라 윈프리는 불우한 인생을 책을 통해 역전시킨 인물이다. 그녀는 성공의 비결로 '독서'를 꼽는다. 그녀가 한 말을 살펴보자.

당신이 내일 아침에 오늘보다 더 나은 사람이 되어 깨어나고 싶다면 잠들기 전에 책을 펴고 단 3페이지라도 읽어라.

- 오프라 윈프리

언젠가부터 손에 책이 없으면 허전함을 느낀다. 사실 요즘은 버스나 지하철을 탈 일은 없다. 예전엔 대중교통을 이용하며 책을 보곤 했다. 책의 무게가 있으니 힘들기도 하지만 그럴 땐 전자책도 이용하면 편리하다. 산책을 가끔 하러 나간다. 지나다가 벤치를 보면 앉아서 책을 읽고 싶어진다. 그럴 때 드는 생각이 책이 절반 정도 되면 좋겠다는 생각도 한다. 그럼 부담 없이 손에 들고 다닐 수 있을 것 같다.

나는 항상 두 권의 책을 들고 다닌다. 한 권은 의식 책이고, 다른 한 권은 내가 필요로 하는 책으로 그때그때 달라진다. 보통 의식 책으로는 네빌 고다드의 책 『믿음으로 걸어라』(서른세개의계단), 『네빌 고다드의 부활』(서른세계의계단) 등과 웨인 다이어의 『확신의 힘』(21세기북스) 등을 읽는다. 서로 다른 분야의 책을 두 권 가지고 다니면 한 권을 읽다가 지루해지거나 집중이 안 될 때 다른 책을 읽으면 집중이 잘되기도 한다.

이제 외출할 때 스마트폰만 챙기지 말고 책도 두 권씩 항상 지니고 다니길 바란다. 짬짬이 시간 날 때 아주 유용하게 활용될 것이다. 생활 속 풍요로운 독서를 응원한다.

정말 죽을 것 같아 시작한 독서가 삶을 바꾸었다

03
독서하며 여백에 떠오르는 생각을 적어라

떠오르는 생각을 잡아두는 방법은 메모하는 습관이다

나는 책을 읽을 때 볼펜을 쥐고 읽는다. 이 습관은 불과 2년 정도밖에 안 됐다. 급하게 외출할 때 책과 함께 손에 쥘 볼펜이 없으면 불안하다. 이제는 차에도 메모지, 볼펜, 책은 항상 두고 다닌다. 이런 내 모습을 보며 주위에서 한소리 한다.

"무슨 책을 읽는데 볼펜 들고 공부하듯이 꼼꼼하게 봐? 책 읽고 시험 보냐?"

"응, 펜을 들고 하면 집중도 잘되고, 마음에 와닿는 부분은 바로 체크할 수 있어서 좋아."

"참 피곤하게 책 보네. 내가 보기에 책 읽을 맛 안 날 것 같은데…"

"너도 한번 해봐. 어떤 느낌인지."

내가 펜을 들고 책을 읽는 걸 본 주변 사람들의 반응이다.

내가 이런 방법을 쓰면서 우리 집 고등학생 아들의 책을 봤다. 책이 너무 깨끗했다. 예전에 책 읽다 기억하고 싶은 부분은 '귀를 접어라' 일러줬더니 아주 작게 귀를 접은 부분이 몇 군데 눈에 보였다. 물론 인덱스는 사용 중이 었지만 없을 때의 방법을 일러준 것이다. 우리는 책은 소중하게 다루어야 한다는 생각을 하고 있다. 맞다. 책은 소중히 다루어야 한다. 책에 메모하는 나의 행동을 보고 아들의 눈이 휘둥그레진다.

"엄마, 책에 낙서하면 어떡해!"

"내 책인데 어때?"

"그래도 문제집도 아닌 책인데, 다른 사람들도 볼 텐데… 깨끗이 봐야지."

"아들, 책 읽다 감명 깊은 부분이나 궁금한 부분, 저자와 같은 생각, 다른 생각, 떠오르는 생각이 있으면 메모해둬."

"왜?"

"책 다 읽고 나서 덮으면 생각 안 나잖아!"

"아, 그럼 난 포스트잇에 메모해둘래."

정말 죽을 것 같아 시작한 독서가 삶을 바꾸었다

"맘대로 해!"

사실 예전에 나도 책을 엄청 깨끗하게 봤다. 나중을 위해서 말이다. 가족 중 다른 사람이 볼 수 있기 때문이다. 아직 중고서점에 한 번도 팔아보지는 않았다. 누군가 먼저 책을 읽은 흔적이 있으면 책 보기가 싫어진다. 그래서 다음 사람을 위해 더 깨끗하게 봤는지 모르겠다. 새 책을 구매해서 볼 때의 기분은 참 좋다. 집에 쌓이는 책에 먼지가 내려앉는 게 싫었다. 그래서 어느 정도 읽고 나면 동생에게 보내기도 했다. 지금도 보내지 못한 책이 쌓여 있다. 겉표지만 살짝 바랬을 뿐 속지는 완전 새 책이나 다름없다.

팔지도 못하는 책 이왕이면 맘 편하게 보자는 맘으로 책에 한 줄씩 떠오르는 생각을 적기 시작했다. 처음에 익숙지가 않아서 연필로 줄도 긋고 메모를 했다. 만약을 대비해 지울 수 있게 말이다. 메모를 남기는 게 조심스러웠다. 나중에라도 '누군가 메모를 들여다보면 어쩌지?', '누군가 볼 거다.'라고 생각하면 마음 놓고 메모를 할 수 없기 때문이다. 아들의 책 역시 아직은 연필로 연하게 메모한 것을 보게 된다. 시간이 지나면 익숙해져서 점점 색이 강해지리라 믿는다. 내 경험상 연필부터 시작해 검정 볼펜, 파랑 볼펜, 빨간 볼펜, 형광펜까지 과감해지는 경험을 했기 때문이다.

기록이란 정말 소중한 자산이란 걸 요즘 원고를 쓰며 많이 느낀다. 일기도

쓰다가 꾸준히 기록이 안 되다 보니 이어지지가 않았다. 또 항상 똑같은 생활이 반복되다 보니 쓸거리가 없었다. 하지만 지금은 책을 읽으면서 내 감정이 하루에도 여러 번 변화되는 걸 느낀다. 이제는 스스럼없이 책에 메모로 기록을 남긴다. 난 원래가 글을 못 쓴다고 생각했기에 카드 하나, 편지 한 통 쓰는 것이 그렇게 부담이 되었다. 또 누군가에게 편지를 쓸 때 생각을 해야 하고 시간이 걸려서 적극적으로 쓸 생각을 안 했다. 지인 중에 항상 카드에 메시지를 적어주는 사람이 있다. 그 사람의 정성이 정말 대단하고 그 정성에 감사함을 느낀다.

책을 읽으며 좋은 문구가 나오면 내 생각도 여백에 적어놓는다. 평상시 그리도 생각나지 않던 것이 책을 읽다 보면 옛날 생각들이 많이 재생된다. 그때 '내 생각과 행동이 잘못되었네.'라고 느끼기도 하고 '참 잘하고 있었네.'라고 생각하기도 했다. 이렇게 기록하며 책을 읽은 후는 확실히 기억에 더 오랫동안 남아 있다. 또 재차 찾아보거나 읽어볼 때 그때의 생각을 읽기도 하고 지금의 내 사고가 커졌음을 성장했음을 알아채기도 한다.

박웅현 작가의 『여덟 단어』(북하우스)를 읽었다. 이 한 권의 책에 줄긋고 메모하고 포스트잇을 붙인 게 너무 많다. 작가의 생각에 공감되는 부분도 많았고, 새로운 발상에 감탄하기도 했다. 이 작가를 이제야 알게 된 게 아쉽기도 했다.

정말 죽을 것 같아 시작한 독서가 삶을 바꾸었다

'내가 참 괜찮은 사람 맞네.' 하고 인정도 하고, 인생을 참 제대로 사는 것 같아 배울 점이 많은 작가였다. 또 나와 비슷한 성격을 가진 것에 너무 놀라웠고 그럼에도 불구하고 자기만의 생각을 강하게 말할 수 있는 박웅현 작가가 좋아졌다. 작가를 응원하게 되었고, 앞으로 그의 책은 모두 읽어볼 계획이다.

책을 통해 작가와 공감을 하고 나의 문제로만 보이던 것이 책을 읽어보니 별문제가 아님을 깨닫게 되었다. 책을 읽은 직후는 감동의 여운이 길게 이어질 것 같다. 하지만 며칠만 지나면 '좋았다. 감명 깊게 읽은 책이다.' 그리고 한두 구절의 문장이 남는다. 하지만 메모를 한 책은 시간이 지나서 책을 펼치면 처음의 감동도 기억나고, 새로운 관점에서 책을 보는 눈 또한 발견하게 된다. 기록을 보며 그때 책 읽을 당시의 내 생각들을 들여다볼 수 있어 좋다.

만약 내가 메모를 해두지 않았다면 기억나는 부분이 거의 없었을 테고 좋았던 기억에 새로 처음부터 읽게 되었을 것이다. 물론 재독이 나쁘다는 건 아니다. 하지만 내가 쓴 흔적들과 줄 그은 부분을 보면 그 당시에 느꼈던 생각과 지금 느끼는 생각이 달라졌음을 알 수도 있다. 좀 더 폭넓은 사고를 할 수 있다는 면에서 매우 유익한 활동임을 확신한다.

『메모 독서』(위즈덤하우스)의 저자 신정철 작가도 메모의 중요성을 말하고 있다. 책을 읽다 공감하거나 반론을 제시하고 싶을 때, 떠오르는 생각 등 모든 것을 메모하라 한다. 독서는 내용을 전달하는 것뿐만이 아니라 '생각을 만드는 힘'을 가지고 있는데 바로 메모하는 사람만이 이것을 잡아둘 수 있다. 책을 읽으며 드는 어떤 생각이든 메모하고 질문하는 습관을 가져보자. 메모하면 책 한 권으로 이렇게 많은 생각이 떠오른 것에 감사하게 되고, 내가 성장하고 있음을 느끼게 될 것이다.

넬슨 만델라는 다음과 같이 말한다.

"세상에서 가장 어려운 일은 세상을 바꾸는 것이 아니라 우리 자신을 바꾸는 것이다."

오랫동안 만들어진 나의 습관을 고치는 일은 정말 힘이 든다. 남을 바꾸는 것보다 어려운 것은 나를 바꾸는 것이다. 사실 책을 읽고 배우고 닮고 싶은 것들이 너무 많다. 욕심부리지 말고 한 가지씩 실행해보는 건 어떨까?

책을 읽을 때 여백에 떠오르는 생각을 적어보자. 생각이 떠올랐을 때 즉시 메모하지 않으면 금방 사라진다. 책의 여백에 메모하는 습관으로 책과 소통하며 생각하는 힘을 키워보자.

정말 죽을 것 같아 시작한 독서가 삶을 바꾸었다

04
내가 하는 일과 관련된 독서를 하라

책을 통해 내가 하는 일의 성과를 더 끌어올릴 수 있다

10년 전 큰언니와 함께 강연회를 갔던 기억이 난다. 그쯤 언니는 한참 독서에 심취해 있을 때였다. 독서가 좋은 건 알겠는데 도대체 어떤 책부터 읽어야 할지 몰랐다. 그때 언니가 빌려줬던 책이 아직도 우리 집에 보관 중이다. 이지성 작가의 『리딩으로 리드하라』(차이정원), 론다 번의 『시크릿』(살림Biz)을 읽고 계속 독서를 하고 싶었다. 마음은 다 읽고 변해야지 했지만, 사실 많은 독서 목록을 보고 과연 내가 해낼 수 있을까 걱정이 앞섰다. 그 뒤 몇 권의 책을 읽었지만, 책 읽기를 우선순위로 두지 않아 결국 꾸준한 독서로 이어지지 않았다. 계획 없는 독서는 실패를 보고 말았다.

언니의 경우, 목표 설정에 따른 관련된 독서와 대학원 공부로 지금은 상담 심리 전문가로 활동 중이다. 언니의 성장을 보며 솔직히 자신이 없었다. 잠을 줄여가며 공부하는 모습이 너무 힘들어 보였기 때문이다. 나는 두 아이 돌보는 것만으로도 체력이 너무 떨어졌다. 지금도 내 체력을 끌어올리기 위해 노력 중이다. 아무리 독서가 좋다고 추천을 받더라도 본인이 생각하는 관심 분야와 목표와 계획이 있어야 꾸준히 독서할 수 있다.

나는 허약 체질이라 건강에 관심이 많다. 천연 제품이나 건강 관련 제품들이 유독 나의 관심을 끌었다. 오래전부터 천연비타민을 찾아 먹던 중 '미애부생장품'을 알게 되었다. 발효, 무합성, 무방부제, 천연원료를 사용해서 환경을 살리는 회사이다. 그곳에선 식물실험으로 제품의 탁월성을 직접 보여준다. 화장품의 경우 식물 잎의 앞뒷면에 도포 후 하루 이틀 후 확인을 하면 대부분의 타사 제품을 바른 잎은 호흡을 못 해 시들어버렸다. 하지만 신기하게도 미애부·제품은 식물이 화장품을 먹고 더 생생해졌다. 정말 믿을 수 없었다. 피부도 호흡할 수 있는 안전한 제품이다. 우리가 먹을 수 있는 재료를 발효하여 제품을 생산하는 회사이다.

화장품은 당연히 합성 화학 성분이 첨가된다고 알고 있다. 그 와중에 생각의 전환으로 피부도 장기로 생각해서 숨을 쉴 수 있게 만든 제품을 판매하는 회사다. 식품도 역시 안전한 재료를 사용한다. 해외 유명 브랜드만 고집

정말 죽을 것 같아 시작한 독서가 삶을 바꾸었다

하는 사람들에게 알려주고 싶다. 지금 사용하는 제품의 안정성을 식물 실험으로 확인해보길 바란다. 사람들이 좋은 제품을 구별하는 방법을 알았으면 좋겠다.

이 제품은 까다롭기로 유명한 유럽 5개국(독일, 프랑스, 영국, 이탈리아, 벨기에)의 유기농 인증기관인 '코스모스' 기관에서도 매회 검사를 하는데 99.9%의 유기농 인증 결과를 가지고 있다. 여느 화장품과는 차원이 다른 아주 안전한 제품이다. 내가 사용 후 좋아서 주변 지인에게 알렸다. 광고에만 의존하는 사람들을 보고 실망했다. 사람들은 아직도 당장 값싸고 광고하는 제품 위주로 구매하고 있다.

사람의 마음을 움직이게 하는 일은 참으로 힘들다는 것을 알게 되었다. 건강에 대한 의식이 깨어 있지 못한 그들에게 강요하고 싶지는 않았다. 굳이 좋은 정보를 주는데 들으려고 하지 않는 그들을 보며 느꼈다. 먼 미래의 건강보다 당장 내 주머니에서 나가는 돈을 생각하는 그들이 안타깝게 느껴졌다. 지금은 좋은 제품들이 넘쳐난다. 내가 쓰고 있는 제품이 안전한지 확인하고 사용하자. 가습기 살균제 사건도 치약 사건도 불과 얼마 전의 일이란 걸 기억했으면 한다. 좋은 제품을 구별하는 것 역시 각자의 몫이다.

다른 사람의 마음을 움직이기란 참으로 어렵다는 걸 느꼈다. 돈을 벌겠다는 간절함이 없었던 걸까? 솔직히 일을 해보겠다 마음먹었을 땐 내가 먹고 좋았던 제품이라 사람들에게 알리는 건 당연하다 생각했고, 꼭 알려주고 싶다는 마음뿐이었다. 돈보다 좋은 제품을 알려주고 싶었다. 한두 번 얘기한 후 관심 없으면 더는 말하지 않았다. 내 문제를 알고 싶었다. 고객이 많은 사람은 도대체 어떤 비법을 가지고 있는 걸까? 같은 제품으로 영업을 하는데 누구는 매번 매출이 상승하고, 누구는 제자리걸음이다. 매출이 상승하는 것은 이유가 있다. 내 주변에는 건강에 관심 없는 사람들뿐이었다. 원인을 찾고자 책을 찾아봤다. 내게 부족한 게 정보 부족과 영업 기술이라는 것을 알았다. 영업 관련 도서, 마케팅 관련 도서, 제품 관련 도서를 등을 찾아보며 공부했다. 읽었던 책 중 몇 가지만 소개하겠다.

로버트 치알디니의 저서 『설득의 심리학』(21세기북스)을 통해 사람의 마음을 사로잡기 위한 법칙을 배웠다. 데일 카네기의 저서 『카네기 인간관계론』(씨앗을뿌리는사람)에서 인간 본성을 알고 좋은 인간관계를 위한 방법을 알게 되었다. 심길후의 저서 『신기루의 법칙』(나비의활주로)을 통해 세일즈의 성패는 노력이 아니라 방향성을 알고 접근해야 함을 알 수 있었다.

리처드 브랜슨의 저서 『비즈니스 발가벗기기』(리더스북)에서 맨손으로 회사를 창업하여 40여 년간 기업가로 활동한 저자의 성공과 좌절을 보며 비즈니스에 대한 지혜를 얻을 수 있었다. 민진홍 저자의 『유튜브 마케팅 혁명』(매일경제신문사)을 보며 유튜브를 통한 마케팅도 새롭게 알게 되었다.

정말 죽을 것 같아 시작한 독서가 삶을 바꾸었다

아베 쓰카사의 『인간이 만든 위대한 속임수 식품첨가물』(국일미디어), 신성호 저자의 『내 몸을 살리는 면역 건강법』(위닝북스), 구희연·이은주 저자의 『대한민국 화장품의 비밀』(거름) 등의 책을 통해 우리가 무심코 먹고 바르는 동안 우리의 건강이 무너지고 있음을 알게 되었다. 〈SBS 스페셜〉 '환경호르몬의 습격'을 보면 우리가 얼마나 무지한 행동을 하는지 더 확실히 알 수 있다. 탁월한 영업 비법은 존재하고 있었다.

공짜로 얻어지는 것은 아무것도 없다는 것을 알았다. 누군가는 "요즘 경기가 어려워 장사가 안 돼."라고 말한다. 누군가는 열심히 이유를 찾고 어려운 환경 속에서도 책을 통해 방법을 찾아 역량을 높이고 매출을 늘리고 있다.

나는 부동산을 배우고자 할 때 현장이 아니라 자격증 공부를 먼저 했다. 자격증을 따서 부동산에 취업해서 일을 배우고 싶었다. 두세 권의 책을 읽으며 저자는 현장에 나가서 배우라고 했다. 부동산중개인과 친분을 쌓고 자주 방문해서 시세의 흐름을 아는 게 먼저라고 했다. 시간을 내서 발품을 팔아야 좋은 물건을 찾을 수 있다고 했다. 또 자주 방문하다 보면 좋은 물건이 나왔을 때 준비만 되어 있다면 급매 물건도 잡을 수 있다고 했다.

재테크를 위해 부동산을 공부하면서 임장(현장조사) 나기는 것이 중요하다. 세금을 절약하는 법, 계약 시 유의점 등 구체적인 사항을 알 수 있다. 솔직히 좀 더 꾸준히 공부했더라면 지금쯤 부동산으로 자산을 늘릴 수 있지 않았을까 생각해본다. 그 당시 준비 자금이 없었기에 좋은 물건을 보고도, 미래가치를 알고도 포기를 많이 했다. 대출은 생각지도 못했다. 대출은 함부로 받아서는 안 되는 줄만 알았다. 최근에서야 대출도 좋은 빚이 된다는 것을 알게 되었다. 모두 책을 읽고 알게 된 정보다.

우리는 전문직종에 종사하고 나면 경제적인 문제는 자연스럽게 해결된다고 생각한다. 나도 그렇게 생각했다. 하지만 지금은 달라졌다. 솔직히 난 전문 직업이 없어서 항상 아쉬웠다. 누군가 "무슨 일하세요?"라고 물으면 참 뻘쭘했다. 집중적으로 하는 일이 없었기 때문이다. 그래서 그런 질문을 하는 사람이 불편했다. 영업을 배우기 위해 영업을 가르쳐주는 일일 특강이 있어 참석했다. 대부분의 좋은 강의는 서울에서 했기에 서울을 자주 들락거렸다. 몇 군데를 방문하면서 새로운 사실을 알게 되었다. 영업을 고민하는 것은 비단 나뿐이 아니라는 사실 말이다. 정말 많은 사람이 그들이 하는 일에서 더 나은 성과를 올리기 위해 노력하고 배우기 위해 시간을 할애하고 있었다.

또 하나는 전문 직종에 종사하는 사람들도 영업을 배우기를 원한다는 것이다. 솔직히 나는 보험이나 제약회사 영업인 또는 화장품, 건강식품 영업을 주위에서 많이 봐왔기에 그런 사람들이 대부분일 줄 알았다. 그런데 그곳에 우리가 부러워할 만한 사람들이 왔다. 머리를 한 대 맞은 것 같았다. 세무사, 의사, 변호사가 직업인 사람과 함께 공동 미팅에 참석했다. 당연히 전문 직

정말 죽을 것 같아 시작한 독서가 삶을 바꾸었다

종은 돈 걱정 없이 살아가는 줄 알았다. 하지만 현실은 달랐다. 그들 역시 마케팅으로 고객 모집에 힘을 써야 했다. 그렇게 많은 공부를 하고 시험을 쳐서 자격증을 갖추고 있어도 의뢰인이 찾아오게 해야 하고, 병원도 홍보하지 않으면 환자가 찾지 않는 것이다. 예전엔 전문 직종에 종사하는 사람이 많지 않았다. 지금은 우후죽순 공부만 잘하면 전문직으로 몰리다 보니 밥그릇 싸움을 안 할 수 없는 실정이다. 그들도 마케팅으로 영업을 해야 먹고사는 시대가 된 것이다. 그러니 관련 공부 외 다른 부수적인 영역까지 공부를 계속해야 살아남을 수 있다.

지금 어떤 책을 읽어야 할지 모르겠다면 내가 하는 일과 관련된 독서를 해라. 책을 읽는 궁극적인 이유는 더 나은 삶을 위해서일 것이다. 경제적 문제를 제외하고서 더 나은 삶은 있을 수 없다. 책을 통해 내가 하는 일의 성과를 더 끌어올릴 수 있다. 관련 도서 10권만 읽어도 해답이 보일 것이다. 지금 하는 일이 없다면 내가 평소에 관심을 가졌던 분야의 책을 읽어보길 바란다. 한두 권에서 끝내지 말고 꼭 10권 정도는 읽어보길 바란다. 그 정도 읽어야 해당 분야에 대해 보는 눈이 생길 것이다.

05
독서 목표를 세워라

꾸준한 독서로 성과를 낼 수 있다

우리 가족은 1년에 한 번은 아무리 시간이 맞지 않아도 여행을 함께 가기로 했다. 어떤 지역을 갈지, 언제 갈 것인지, 어떤 교통수단을 이용할지, 숙소는 어디로 잡을지, 여행사를 거쳐서 갈 것인지, 자유여행으로 갈 것인지 등등 각자가 원하는 지역을 정하고 왜 그곳을 정했는지 그곳에서 뭘 하고 싶은지 의견을 듣는다. 그런 다음 갈 곳을 정한다. 바로 목표 설정을 하는 것이다. 그 뒤 세부사항을 계획에 따라 수정해나간다. 어떤 일을 하든 목표와 계획을 동반한다.

정말 죽을 것 같아 시작한 독서가 삶을 바꾸었다

계획적인 삶을 위해 어떤 목표를 세우고 사는가? 우리는 항상 목표를 세우고 다시 고치고 반복하며 살아간다. 수십 년 동안 습관이 된 내 행동은 좀처럼 바꾸기가 힘이 든다. 좀 더 나은 나를 위해 끊임없이 노력하는 사람들은 끝내 성장하게 된다. 내가 세운 계획 중 잘 지켜지지 않는 것이 있다. 바로 꾸준히 운동하는 것이다. 매번 계획을 세우지만 제일 안 되는 부분이다. 하지만 계속 수정하며 나에게 맞게 운동하고 있다.

나는 걷기를 즐긴다. 산책하기를 좋아한다. 산책하면 오롯이 나에게 집중할 수 있기 때문이다. 자연이 주는 것에 감사하는 마음, 잊고 지냈던 내가 가지고 있는 모든 것에 감사를 느낄 수 있어 좋다. 상대적 박탈감으로 가지지 못한 것만 바라보며 나 자신을 불행으로 내모는 사람들을 본다. 덩달아 같은 생각을 하며 지낸 것에 반성하게 된다. 그런 생각에서 벗어나기 참 좋은 게 산책이다. 어떤 계획이든 명확한 목표가 없으면 흐지부지된다. 산책하기를 좋아하지만, 꾸준히 실천하지 못했던 것은 명확한 목표를 세우지 않았기 때문이다.

나는 올빼미형이다. 아침형이 되기 위해 무던히도 애썼지만, 새벽 기상은 좀처럼 잘 지켜지지 않았다. 내 문제를 분석한 결과, 평상시처럼 자정 넘어 자면서 새벽 5시에 일어나려고 시도했던 것이 문제였다. 나는 잠이 좀 많은 편이다. 최소 6시간은 자야 피로가 회복된다. 그 이후 적어도 11시에 취침을 하려고 노력했고, 새벽 기상에 성공했다. 다른 이들이 3~4시간 잠을 잔다고 따라 했다가 다음 날 하루를 망친 것이 한두 번이 아니다. 애들 시험 기간에 같이 잠 안 자고 버티다가 다음 날 비몽사몽 지낸 날도 있다. 여기서 깨달은 것은 어쩌다 필요에 따라 한두 번 무리한 기상은 괜찮다. 하지만 꾸준한 습관을 만들기 위해선 나를 제대로 알고 목표를 설정해야 한다는 것이다.

우리는 언제 목표 설정을 많이 하는가? 보통 새해맞이 연말이 되면 자기 계발을 위해 운동 목표, 영어 목표, 독서 목표를 세운다. 자기 계발을 하기로 마음먹었다면 연말까지 기다리지 말고 지금 당장 독서 목표를 세워보자. 당신은 정말 책을 읽고 싶은가? 책을 읽는 목적이 무엇인지 생각해보자. 남들이 '책을 읽었더니 인생이 변하더라.'라는 말을 들어서인가? 그렇다. 나의 경우 책을 읽으면 인생이 변한다는 소리를 듣고 읽은 것은 아니다. 그냥 지금의 현실에서 생각을 다른 쪽으로 돌리기 위해 읽기 시작했다. 지금도 진행 중이다. 그럼 독서 목표는 어떻게 세우면 좋을까?

우리나라 사람들이 책을 제일 많이 읽는 때가 언제인지 아는가? 흔히 '독서의 계절'이라고 말하는 가을에 서점이 붐빈다고 한다. 언론 광고의 힘인 것이다. 내 주변에도 책을 읽는 사람들이 별로 없다. 그나마 몇 분 꾸준히 읽는 분들의 영향으로 덩달아 읽게 되는 것 같다. 지금은 읽고 싶은 책이 너무 많아 온라인 서점 장바구니에 담긴 책을 보며 흐뭇해하기도 한다. 책 쇼핑이 이

정말 죽을 것 같아 시작한 독서가 삶을 바꾸었다

렇게 재미날 줄은 생각하지도 못했다. 며칠 장바구니에 담아놓고 당장 읽고 싶은 책 위주로 두세 권씩 주문해서 읽는다. 한 권씩 늘어나는 책을 읽으며 마음의 풍요를 느낄 때가 많다.

어떤 이는 독서를 '자전거 타기'에 비교하기도 하고 '수영'에 비교하기도 한다. 다시 말해 몸에 배어야 한다는 것이다. 몸이 기억할 정도의 훈련, 익숙함이 필요하다는 것이다. 자전거를 처음 배울 땐 서툴지만 연습을 통해 익숙해지면 몸이 기억한다. 수영도 마찬가지 꾸준한 연습을 통해 몸이 기억하도록 한다. 몸이 기억하면 몇 년이 지나도 잊어버리지 않고 언제든 할 수 있다. 독서도 익숙해질 때까지는 꾸준한 훈련이 필요하다. 여기서 독서가 익숙해진다는 말은 책을 꾸준히 편안하게 볼 수 있는 습관 장착을 말하는 것이다. 그럼 어떻게 독서 습관을 장착시킬 것인가?

독서 목표를 세워야 한다. 어느 정도의 양을 채우는 다독을 먼저 해야 한다. 우선 분량을 체크하고 수치화한다. 수치화가 안 되면 목표를 달성할 수 없다. 1년 계획을 세울 것인지, 3년, 5년, 10년 계획을 세울 것인지 정해야 한다. 독서 초보는 기간이 길어지면 달성하기 힘들어지니 짧게 1년을 목표로 잡는 것을 추천한다. 그런 다음 1년 동안 몇 권의 책을 읽을 것인지 생각해보자. 여기서 하루에 내가 독서에 할애할 수 있는 시간을 점검해보자. 하루 일과 중 어느 시간에 책을 읽을 것인지 생각해보라. 1년에 30권을 읽을지 50권을 읽을지 먼저 생각한다. 만약 30권을 목표로 잡는다면 한 달에 2.5권이 나온다. 50권을 목표로 세운다면 한 달에 4권 정도 읽으면 된다. 100권을 목표로 잡는다면 한 달에 8권을 목표로 잡을 수 있다. 처음부터 무리하게 목표를 잡는 것은 권하지 않는다.

우선 자신의 상황을 체크해보자. 언제 책을 읽을 것인지, 나의 책 읽는 속도는 어떠한지 말이다. 보통 성인의 책 읽는 속도는 30분에 30페이지 정도다. 책 한 권에 평균 300페이지로 보면 한 권을 읽는 데 300분이 필요하다. 즉 5시간 정도다. 속도가 느린 사람은 더 걸릴 수도 있다. 하루에 얼마의 시간을 할애할 것인지 먼저 정해라. 하루 30분씩 읽는다면 1주일에 한 권은 읽을 수 있다. 한 달에 몇 권을 읽고 싶은지 정해보자. 한 달에 2권을 읽을 것인지, 4권을 읽을 것인지, 8권을 읽을 것인지 정한 다음 하루에 몇 페이지씩 읽을 것인지 정한다. 하루 한 시간 읽겠다고 정하는 것보다 '하루에 20페이지 읽겠다.' 또는 '30페이지를 읽겠다.'라고 목표를 정하는 게 더 낫다.

목표가 정해졌다면 다이어리에 적어보자. 아니면 스마트폰에 기록해두자. 나의 경우 다이어리와 스마트폰을 활용한다. 스마트폰에 기록도 하고 알람을 설정한다. 정신없이 일하다 보면 책 읽는 것이 다른 우선순위에서 밀리는 경우가 많다. 하루에 어느 시간대에 책을 읽을 것인지 생각해보자. 책을 읽어야 할 시간에 알람 설정을 해서 알람이 울리면 하던 일을 멈추고 책을 읽는

정말 죽을 것 같아 시작한 독서가 삶을 바꾸었다

것이다. 내게 도움이 되었던 방법이라 권하고 싶다. 책을 읽기로 마음먹었다면 우선순위를 책을 읽는 것에 목표를 설정하자. 그리고 무슨 일이 있더라도 책은 읽고 잔다는 마음을 가진다면 꾸준한 책 읽기에 성공할 것이다. 직장인이라면 출근 전 한 시간 정도 일찍 일어나서 책을 읽는 것도 좋은 방법이다. 그 외 점심시간을 활용하거나 퇴근 후 시간을 정해서 책 읽기 목표를 달성하기 바란다.

독서 목표를 세우면 좋은 점이 뭘까?

첫째, 목표를 달성한다.

100% 달성하지 못했다 하더라도 근접하게 이루어낸 성과에 만족하게 된다.

둘째, 한 번의 목표 달성 경험으로 인해 앞으로 계속 도전이 가능하다.

머뭇거리지 않게 된다. 독서뿐만 아니라 다른 일도 완수하는 자신감이 생긴다.

셋째, 끊임없이 목표를 체크하고 관리하며 독서에 집중하게 된다.

넷째, 독서하는 이유가 명확해진다.

다섯째, 꾸준한 독서로 몰입 독서를 경험하게 된다.

몰입 독서를 경험하면 독서의 맛을 알기에 독서를 계속 이어가고 싶어진다.

생산적인 독서를 하기 위해 독서 목표를 세워보자. 계획 없이 무턱대고 읽는 책은 다음 책 선정에 쉼을 준다. 꾸준한 독서로 성과를 내고 싶다면 반드시 목표를 세워야 한다. 한 달에 4권 목표! 10권 목표! 여기서 끝나는 게 아니다. 목표 설정도 앞서 설명했듯이 구체적으로 계산해서 달성 가능한 목표를 설정하자. 실천을 위해 계획표를 눈에 보이는 곳에 부착하고 스마트폰에도 동시에 기록하자. 알람 설정으로 치밀하게 실천해보자. 처음부터 완벽할 수 없지만, 중간에 수정하며 실천하길 바란다. 1년 단위, 한 달 단위, 1주 단위 잘 쪼개어 실행할 수 있는 목표를 설정해 독서가 주는 효과를 최대한 많이 누렸으면 좋겠다. 한 권을 읽더라도 생산적인 독서가 되길 바란다.

정말 죽을 것 같아 시작한 독서가 삶을 바꾸었다

06
독서는 양보다 질이다

독서의 진정한 의미는 질적 독서를 통한 성장이다

양적 독서가 먼저일까? 질적 독서가 먼저일까? 어떤 이는 양이 먼저 채워져야 질적 독서가 가능하다 하고, 또 어떤 이는 양보다 질적인 독서가 선행되어야 독서를 꾸준히 할 수 있는 원동력이 된다고 한다. 당신은 어떻게 생각하는가? 양적인 독서란 무엇인가? 바로 다독을 통해 독서량을 늘리는 작업이라 생각하면 이해가 쉬울 것이다.

중학교 시절 옆 짝꿍의 독서를 흉내 내다가 책 선정에 실패해서 독서를 의무감으로 했던 기억이 생생하다. 한 권을 겨우 읽고 독서록에 기록 후 또 다른 책을 읽었다. 그땐 그야말로 독서록에 '이 책 봤음.' 하고 기록하는 데 급급했던 것 같다. 친구와 누가 빨리 읽나 내기라도 하듯 대충 글자만 따라 읽었던 기억이 난다. 책을 읽으며 사색할 여유도 없이 줄거리 확인용으로 읽고 책장을 덮기 바빴다. 그때를 생각하면 그냥 시간만 보낸 독서에 헛웃음만 나온다. 그렇게라도 다독을 하면 되는 줄 알았던 학창 시절의 어리석은 독서 활동이 떠오른다.

『일독 일행 독서법』의 저자 유근용 작가는 다음과 같이 말한다.

"천 권 만 권 읽어 뭐하나? : 일독 일행! 책을 눈으로만 읽지 마라. 책은 눈으로만 읽는 게 아니다. 배운 걸 행동으로 옮겨야 하고 습관화되어야 진정한 독서 고수다."

그가 만났던 양만 채우는 독서 고수를 보며 '책 속 세상에 매몰된 바보'라 표현했다. 대화한 후 형편없는 실력에 실망했다고 한다.

유근용 작가가 만난 사람은 양만 채우는 독서를 했다. 그러다 보니 책을 통해 느끼고 깨달아야 할 것과 내 삶에 적용해야 할 것을 놓친 독서를 한 것이다. 자칫 1년 100권, 1000권 독서하기 목표를 세우다 보면 독서하는 본질을 잊어버리고 무작정 권수를 채우는 일에만 몰두하게 된다. 목표를 세우되

정말 죽을 것 같아 시작한 독서가 삶을 바꾸었다

한 권의 독서를 통해 내가 무엇을 깨달았는지 내가 삶에 실천하고 배우고 싶은 게 무엇인지 인지해야 한다.

목적에 따라서 양적 독서가 필요할 때도 있다. 어떤 이는 베스트셀러 위주로 독서하는 경우가 있다. 알려주는 사람이 없으면 책 선정이 여간 힘든 일이 아닐 수 없다. 그렇다 보니 일부 사람들은 베스트셀러 위주로 책을 읽게 된다. 베스트셀러는 시대의 흐름을 타고 있기에 편협된 독서를 하기 십상이다.

그럼 질적 독서는 어떻게 하는 것일까?

처칠은 다음과 같이 말했다.

"책은 많이 읽는 게 중요한 것이 아니라 독서 한 내용 중 얼마나 자기 것으로 소화해서 마음의 양식으로 삼느냐가 중요하다."

율곡 이이는『격몽요결』에서 다음과 같이 전한다.

"책을 읽을 때는 조용히 앉아 깊이 연구하고 구절마다 반드시 실천하는 방법을 생각해야 한다."

정민 작가는『다산선생 지식경영법』에서 옛사람들의 독서에 대해서 이야기하는데, 그들은 책을 읽다가 쓸 만한 구절을 만나면 종이에 옮겨 적어 모아놨다가 한 번씩 그 내용을 검토했다고 한다.

질적 독서를 강조했던 위인들이다. 참 많은 이들이 질적 독서를 해야 함을 강조하고 있다. 나는 좋은 책을 보면 정독하며 꼭꼭 씹어 먹기를 좋아한다. 감명 깊은 문구에 줄을 긋고, 멈춰서 생각을 하고, 내 생각과 경험을 여백에 적어두기도 한다. 한 자 한 자 읽고 메모한다. 그런 책을 만날 때면 인생의 귀한 보물을 찾은 것처럼 그렇게 기쁠 수가 없다. 좋은 책을 읽을 때마다 내 인생의 멘토가 한 분씩 늘어나는 경험을 하게 된다. 질적인 독서란 바로 이런 것이다.

『여덟 단어』의 저자 박웅현은 이렇게 말하고 있다.

"책을 읽는 가장 큰 이유 중 하나가 좀 더 올바른 시각으로 삶을 대하는 것이기 때문입니다."

올바른 시각으로 삶을 바라보기 위해 책을 읽는다고 한다. 맞는 말이다. 나 역시도 책을 통해 삶을 바라보는 눈이 조금씩 바뀌고 있다. 여기서 여덟 단어 중 '본질'에 대해 좀 더 깊게 생각해보게 되었다. 저자는 프레젠테이션을 하며 떨리는 이유를 살펴보니 너무 잘하려고 하거나 남들에게 잘 보이고 싶어 하는 마음이 있다는 것을 알았다. 이후 전달을 목적으로 프레젠테이션

정말 죽을 것 같아 시작한 독서가 삶을 바꾸었다

을 한 후 떨림이 사라진 것을 확인했다. 공부의 본질은 나를 풍요롭게 만들어주고, 실력을 만드는 게 본질이라 말한다. 스펙은 포장이라 했다. 스펙만 쌓는 행위는 큰 빈 수레와 같다고 말한다. 그의 말에 동의한다. 독서의 본질을 제대로 알고 책을 읽었으면 한다.

이 책을 통해 많은 것을 생각하게 되었다. 내가 책을 읽는 이유도 삶을 좀 더 제대로 살아보고 싶은 욕구 때문이다. 많은 고난과 역경에 부딪힐 때 무엇을 위해 내가 살아가고 있는지, 왜 화가 나는지, 왜 이런 문제가 생겼는지, 인생을 살면서 만나게 되는 많은 일을 어떤 이는 순탄하게, 어떤 이는 힘겹게 맞이하는지를 책을 통해 깨닫게 되었다. 나만 겪는 것이 아닌 다른 이들도 겪는 일이라는 걸 알면서 문제가 작게 보이기 시작했고, 해결 방안이 눈에 들어오기 시작했다. 양만 채우는 독서를 했다면 분명 독서의 본질을 제대로 알지 못한 채 사색을 하지 않고 책장을 넘기기 바빴을 것이다. 독서는 무릇 마음에 성장을 가져와야 한다. 모든 책이 다 나에게 도움을 줄 수는 없지만 한 권의 책을 통해 깨달음을 얻을 수 있는 것과 아무 도움도 되지 않는 책을 통해 버리고 본받지 말아야 할 것을 배울 수 있다. 아직도 양을 채우기 위한 독서를 하고 있다면 독서의 진정한 의미를 알고 양보다는 질적 독서를 통한 성장을 해야 한다.

07
독서하기 편안한 나만의 장소를 찾아라

책을 꾸준히 읽기 위해서는 집중이 잘되는 나만의 공간이 필요하다

학창 시절 책을 읽고 싶어 항상 책을 들고 다녔다. 시간만 나면 읽었다. 버스를 타면서도 읽었고 지하철을 타고서도 읽었다. 하지만 주변 사람들이 의식되어 집중이 잘되지 않았다. 집중하다 내릴 정류장을 지나칠 것 같아 온전히 집중할 수 없었다. 어떤 때는 멀미가 나는 경우도 있었다. 지금은 오랜 시간 목적지에 갈 경우가 아닌 이상은 책을 보지 않는다. 한번은 부산에 갈 일이 생겨 가방에 몇 권의 책을 넣고 갔다. 물론 운전은 남편이 하기에 책 읽을 시간이 확보된다는 생각에 욕심을 부렸다. 막상 차를 타니 졸음이 몰려왔고, 남편과 얘기를 하다 보니 생각만큼 집중이 되지 않았다. 무겁게 들고

정말 죽을 것 같아 시작한 독서가 삶을 바꾸었다

간 책을 보며 쓴웃음을 지었던 기억이 떠오른다. 남편은 아무 말이 없었지만, 한마디 하고 싶었을 것이다.

아이들과 함께 도서관을 찾을 땐 나만의 독서 시간을 갖는다. 도서관은 책 읽기 참 좋은 곳이다. 여름엔 시원한 에어컨 바람 아래서 책 읽는 게 더없이 좋았다. 책 읽다 지루하면 밖으로 나와 산책도 하고 커피도 마시며 머리도 식혔다. 도서관 구내식당에서 먹는 밥은 저렴하면서도 맛있다. 도서관에서 책만 보며 살고 싶다는 생각도 해본 적이 있다. 학창 시절엔 공부하기 위해 찾던 도서관이 책을 읽기 위해 찾으니 편안하고 좋았다. 부담이 없어서일까? 많은 책이 나를 반기는 도서관에 가면 다 읽지 못해도 기분은 이미 흡족해진다. 한 번 가기 시작하면 매일 가고 싶지만, 차를 타고 움직여야 하기에 매일 출근 도장을 찍기엔 어려움이 있다. 도서관이 가까워 매일 출근 도장을 찍는 사람들이 그저 부럽기만 하다.

5년 전 아이들이 집에서는 공부가 안 된다면 카페에 가자고 했다. 그때 참 할 말이 없었다. 이제 콩알만 한 것들이 카페에서 공부하는 언니 오빠들 흉내내는 것이 귀여웠다. 얼마나 집중이 안 되길래 나가고 싶어 하나 하고 못 이기는 척 공부할 책을 챙겨 카페로 갔다. 다행히 조용한 공간의 분리된 사리가 있어 맛있는 음료도 주문했다. 공부하다 쪽쪽 빨아먹는 음료 소리를 들으며 행복해하던 날이 떠오른다. 분명 그날 아이들은 공부를 많이 하지는 않았다. 하지만 집에서도 안 되는 공부를 붙들고 있느니 기분 전환하러 찾은 카페에서 우리는 행복한 시간을 보냈다. 나 역시 책을 읽으며 여유를 부렸던 시간이었다. 그때를 계기로 막내는 몇 번 친구랑 시험공부 한다며 카페를 찾았지만 이내 혼자 공부하는 독서실을 찾기 시작했다. 남들 따라 해보고 싶어 흉내 내어봤지만, 생각처럼 공부가 잘되지 않고, 목표한 양을 채우지 못하자 바로 독서실로 방향을 튼 것이다. 1인 독서실에서 다인실로 바꿨다. 처음은 1인실이 좋을 것 같았지만 약간의 주변의 의식도 집중에 도움이 된다는 것을 알게 된 것이다.

요즘은 적잖은 아이들이 카페에서 공부한다. 예전에는 대학생이나 직장인들이 많이 보였으나 지금은 중고등학생들도 많이 보인다. 부모들도 함께 오는 경우가 많다. 한번은 강남에 볼일이 있어 아들을 기다리는 동안 나는 1층 카페에서 시간을 보낸 적이 있다. 그때 또 한 가지 느낀 것이 있다. 여느 카페보다 유독 조용했던 카페 분위기를 읽었다. 다들 책과 노트북으로 작업을 하기 위한 카페처럼 보였다. 수다를 떠는 사람이 없어서 참 신기했다. 또 할머니 할아버지가 유독 많이 보였다. 손주들 학원이 끝날 때까지 기다리며 독서를 하고 있었다. 강남의 분위기를 보며 긴장하지 않을 수가 없었다. 책 읽기 너무 좋았던 그곳의 분위기가 기억이 난다. 집중도 역시 최고였고, 책 반 권을 다 읽었다. 지금은 카페가 마음 놓고 수다를 떠는 곳이 아님을 체감한다. 카페 분위기를 봐가며 수다도 떨어야 한다.

정말 죽을 것 같아 시작한 독서가 삶을 바꾸었다

내가 책을 읽기 시작하면서 주위의 작가님들을 많이 알게 되었다. 한 작가님은 책을 읽기 위해 의식적으로 퇴근 후 카페를 들르신다. 이제는 습관이 되었다고 말씀하셨다. 곧장 집으로 퇴근하면 밀린 집안일 때문에 독서 시간이 줄어든다고 한다. 그래서 매번 퇴근 후 카페에 들러 독서도 하고, 필사도 하며 시간을 보낸다고 하셨다. 매일 카페에서 2~3시간씩 보내는 작가님이 부럽기도 했다. 어떤 이는 카페에서 보내는 시간을 낭비라고 말하는 이도 있다. 굳이 돈을 써 가며 카페에서 책을 읽을 필요가 뭐가 있냐며 타박하기도 한다. 나도 예전엔 같은 생각을 했다. 하지만 커피 한잔 값으로 2~3시간을 집중해서 작은 성과를 올릴 수 있다면 마땅히 커피값은 쓸 수 있다고 생각한다. 나 역시 카페에서 독서를 하며 집중한 책 읽기 경험이 있기에 권장하고 싶다. 분위기 좋은 카페에서 구수한 커피 향을 맡으며 은은하게 흘러나오는 음악을 들으며 책을 읽으면 참 기분이 좋다. 지금도 종종 카페를 이용한다. 물론 집에서 집중 독서가 가능하다면 굳이 집 밖에서 돈을 쓰며 책을 읽을 필요는 없다.

나는 집에서도 독서를 자주 한다. 집에는 화장실에도 책이 꽂혀 있고, 거실 소파에도, 안방 침대 위에도 차 안에도 책이 있다. 나는 종종 화장실에서 책을 읽으면 집중이 잘될 때도 있다. 하지만 요즘은 오랜 시간 있지 않으려고 주의하고 있다. 변비가 생길까 걱정도 되고 오래 앉아 있다 보면 다리에 쥐가 나는 경우가 많아서 걱정스럽기 때문이다. 그래서 화장실에서의 독서는 솔직히 권하지 않는다. 소파에서도 책을 읽으면 편안하다. 오랜 시간 책을 읽다 보면 자세가 나빠져서 허리가 아프다. 너무 편안해서 잠들기 쉽다. 이 또한 장시간 독서하기엔 부적합한 장소이다. 책을 읽다 집중이 안 되면 집안 곳곳을 다니며 집중이 잘되는 곳을 찾는다. 식탁에서도 읽어보고 아이들이 자리를 비운 틈을 타서 아이들 방 책상 의자에 앉아보기도 하고 침대에 걸터앉아 읽기도 해봤다. 또 햇살 좋은 날은 베란다에 의자를 들고 나가서 독서를 즐기기도 한다. 그때그때 집중도가 달라 집중이 잘되던 곳이 항상 잘 되는 것은 아니지만 대체로 잘되는 곳은 찾을 수 있다.

　지인은 나에게 만화카페도 추천했다. 요즘 만화카페는 우리가 생각하는 음침한 곳이 아니라고 한다. 태어나 지금껏 만화방을 한 번도 가보지 않았다. 말로만 듣던 그곳은 왠지 가서는 안 되는 곳처럼 느껴졌기 때문이다. 지금의 만화카페는 카페처럼 분위기도 좋고, 만화만 있는 것이 아니라 베스트셀러도 비치되어 있다고 했다. 그녀는 가끔 들러 온종일 그곳에서 책을 보며 식사와 음료까지 모두 해결한다고 했다. 아직 가보진 않았지만 괜찮은 곳이 있으면 한 번쯤 가보고 싶다. 누구의 관여도 받지 않고 편안하게 책을 볼 수 있는 곳을 계속 찾아보길 바란다. 또 어떤 이는 맥주를 마시며 책을 읽는다고 한다. 한 번도 해보지 않았다. 퇴근 후 '북맥'을 하는 직장인들도 늘고 있다는데 과연 맥주를 마시며 책이 눈에 들어올까? 이 역시도 한 번 시도해보고 싶다. '북맥'을 할 수 있는 좀 조용한 분위기의 장소 찾기가 힘들 것 같다.

　　　　정말 죽을 것 같아 시작한 독서가 삶을 바꾸었다

아직 주위에서는 보지 못했다. 맥주 한 캔으로 자리를 얼마나 차지하고 있을 수 있을까? 두 캔 마시다 취해서 귀가할 것 같은 불길한 예감이 든다. 이 방법으로는 귀가해서 계속 독서를 이어가기 힘들 것 같다. 집에서 '북맥'을 하는 것은 한여름에 좋은 방법인 것 같다. 남편에게 권하고 싶은 방법이다.

내가 찾은 독서하기 편안한 나만의 장소는 주방 식탁 의자, 아들 방 책상, 조용하고 분위기 좋은 카페이다. 특히나 분위기 좋은 카페에서 독서할 땐 편안하다. '이렇게 행복해도 되나?' 하는 생각이 들 정도로 독서가 주는 행복이 참 묘하다. 텅 빈 가슴에 성장 욕구가 채워지는 느낌이랄까? 책을 읽는 동안 가지고 있던 근심 걱정이 다 사라지고 해결의 실마리를 찾는 경우가 있다. 어쨌든 난 이 맛에 독서를 계속하게 되는 것 같다.

아직도 책을 읽어야겠다 마음만 먹고 있는가? 실행이 안 된다면 집중이 잘되는 나만의 장소를 찾아보자. 책을 꾸준히 읽기 위해서는 어디든 집중이 잘되는 나만의 공간이 필요하다. 습관이 자리 잡기 위해서는 의도적인 훈련이 필요하다. 독서 역시 습관이 잡혀야 꾸준한 독서가 가능하다. 짬짬이 독서를 할 수 있는 나만의 장소를 찾아보자. 그곳이 차 안이든, 분위기 있는 카페든, 도서관이든, 집이든, 아파트 벤치든 상관없다. 어디든 직접 가서 독서를 해보며 나에게 맞는 최적의 장소를 찾기 바란다.

정말 죽을 것 같아 시작한 독서가 삶을 바꾸었다

• PART 5

정말 죽을 것 같아
시작한 독서가
삶을 바꾸었다

01
정말 죽을 것 같아 시작한 독서가 삶을 바꾸었다

책 속 인생 선배들을 만나며 어떻게 살아가야 하는지 알 것 같다

사회 초년생일 때 첫 직장에서 나의 꿈을 접었다. 나는 의상 디자인을 전공했다. 'OO 콜렉션' 디자인실에서 일하며 디자이너의 욕을 들어가며 일을 했다. 태어나 처음으로 듣는 욕은 참을 수가 없었다. 이유 없이 자기 기분에 따라 화를 내니 옆에 있는 사람은 불똥을 맞아야 하는 상황이었다. 매일 가슴 졸이며 일하는 것이 싫었다. 더는 듣기 싫었다. 자기보다 나이 많은 영업 이사님에게도 욕을 퍼부어대는 모습에 놀라움을 금지 못했다. 공장에 있는 나이 많은 이모들도 부장님도 예외는 없었다. 보고 있던 아들(이사)이 민망해서 "엄마, 제발 욕 좀 그만해!"라고 말할 정도였다.

샘플 부속품을 사러 부산진시장에 나갈 때가 정말 좋았다. 꽉 막혔던 가슴이 뻥 뚫리는 기분이었다. 살 것 같았다. 지금 생각해보면 요즘 대기업 집안의 갑질을 연상케 하는 행동이다. 그 뒤 디자인은 쳐다보기도 싫었다. 어렵고 힘든 것이 사회생활인데 어린 나에겐 버거웠던 것일까? 다른 곳도 마찬가지일 거라 단정 지었다. 그곳에 있으면 스트레스로 숨을 쉬지 못해 병이 생길 것 같았다. 그냥 나를 지키고 싶어서 일을 그만두었다.

두 번째 직업은 학습지 선생님으로 아이들을 가르쳤다. 단순히 아이들만 지도하면 되는 줄 알았다. 막상 일을 시작하니 영업을 시켰다. 난생 처음 영업이란 것을 해봤다. 그날 수업이 끝났거나 중간에 수업이 비면 영업을 했다. 놀이터에서도 사람만 보이면 웃으며 다가갔고, 아파트 벨을 눌러가며 영업을 했다. 한 달 신규 회원 입회 목표를 달성해야 했다. 그만두는 회원이 있을 때는 그 회원 수만큼 추가로 신입회원을 등록해야 했다. 비가 오거나 추울 때는 그렇게 서러웠다.

결정적으로 지점장의 옳지 못한 행동을 보고 화가 나서 더 다니고 싶지 않았다. 힘들게 10명에 가까운 회원을 등록시켰다. 그런데 전혀 실적을 못 낸 선생님께 줘야 한다고 반강제적으로 얘기했다. 아니, 뭐 이런 경우가 있는지 할 말이 없었다. 왜 그때 말하지 못했을까? 솔직히 그 지점장의 행실에 말할 가치를 느끼지 못했다. 나는 그 실적을 채우기 위해 일요일도 나와서 영업을

정말 죽을 것 같아 시작한 독서가 삶을 바꾸었다

했다. 그 선생님은 일을 안 한 것을 뻔히 아는 데 나는 참을 수가 없었다. 올바르지 못하게 일을 처리하는 곳에서 더는 일하고 싶지 않았다.

일복이 지지리도 없었다. 아니 상사 복이 없었던 것 같다. 윗사람에게 말대꾸하면 안 되는 줄 알았다. 그들의 얼굴을 보고 싶지 않아서 2년 정도 다닌 그곳을 정리했다. 어떤 생각조차도 하기 싫었기 때문이다. 나만 직장 운이 없는 것 같았다. 친구는 아버지가 학교에서 일하는 덕분에 행정실에 바로 취직이 되었고, 다른 친구는 직장 한 번 안 다니고 결혼을 준비했다. 남자친구 부모님이 결혼과 동시에 영국 유학을 보내주었다. 다들 잘 나가는데 나만 운이 지지리도 없는 듯 그렇게 초라할 수가 없었다.

풀리지 않는 내 인생, 뭔가 하고 싶다는 의욕이 생기지 않았다. 무기력증이 달아나지 않았다. 매사 기운이 빠졌다. 내가 꿈꾸던 인생은 이런 게 아니었는데 만사가 귀찮았다. 열심히 일하시는 부모님을 생각하니 게으름을 피울 수가 없었다. 그렇다고 아무 곳이나 들어가서 일하고 싶지는 않았다. 막연히 결혼하면 이런 고민은 안 해도 될 거란 생각을 했다. 마침 만나고 있던 남자친구가 있었다. 편안해서 정말 친구처럼 지냈는데 아버지가 몸이 안 좋으시다며 결혼을 서둘렀다. 정말 일사천리로 결혼하게 되었다. 그리고 1년 뒤 시아버님은 지병으로 돌아가셨다.

내 걱정은 결혼이 해결해줄 줄 알았다. 하지만 현실은 달랐다. 결혼과 동시에 없던 근심 걱정이 생겨나기 시작했다. 결혼이 둘만 좋다고 되는 게 아니었다. 가족 문제까지 얽히다 보니 판단이 흐려졌다. 어린 나이에 세상 물정을 너무 모르고 한 결혼이 나를 이렇게 힘들게 할 줄은 몰랐다. 세상 물정을 알면 시집 못 간다는 소리가 이제야 이해가 간다. 난 대식구가 부담스럽다. 아버지가 종갓집 장손에 7남매 장남이다 보니 엄마가 정말 힘들게 사셨다. 식구가 많다 보니 할머니와 눈을 마주치면 무조건 걸레를 들거나 빨래를 개거나 설거지를 해야 했다. 옆에서 지켜보며 '잘한다, 못한다' 말씀도 하셨다. 할머니한테 칭찬을 들으면 그래도 할 만했다. 종갓집이다 보니 1년에 제사가 13~14번 정도 되었다. 물론 시간이 지나면서 차츰 줄어들었지만 결혼해서 끊임없이 일만 하는 엄마를 보며 어린 나이에도 다짐한 게 있었다. '절대 식구 많은 집에는 시집가지 않겠다고….'

'머피의 법칙'은 항상 나를 따라다니는 것만 같다. 내가 원하지 않는 것만 다 내게로 끌려왔다. 시댁은 그야말로 대가족이었다. 결혼하고 첫 명절 때 시댁에 갔다. 촌수를 알 수 없을 정도의 머나먼 사람들에게 인사를 시켰다. 혼란스러웠다. 이분들을 내가 다 기억해야 하나? 걱정이 눈앞을 가렸다. 이제 어떡하지? 온종일 설거지를 하며 하염없이 흐르는 눈물을 누가 볼까 억지로 훔쳤다. 해도 해도 끝이 없는 설거지 양에 다리가 아파도 어깨가 아파도 모를 정도로 내 머릿속엔 걱정만 맴돌고 있었다. 시대를 거꾸로 사는 것 같았

정말 죽을 것 같아 시작한 독서가 삶을 바꾸었다

다. 새벽부터 일어나 차례상 차리고 설거지, 설거지 끝나고 다과상, 그 이후 작은 집으로 가서 점심상 차리기, 또 작은할머니 댁으로 가서 상 차리기 및 설거지 끝이 없는 부엌 일. 잠시 쉬었다 삼촌네 방문. 그리고 시누이들 오기 기다렸다 저녁상 차리고 식사 후 "제수씨, 친정 빨리 가세요." 아주버님의 말씀이 떨어지면 가방 챙겨서 친정으로 갔다.

나는 전혀 생각지도 못했던 주방일. 물론 나보다 먼저 이 집안에 시집온 어머니와 형님, 작은어머니들은 수없이 고생하셨겠지만, 그들과 비교해서 내가 하는 건 일도 아니라고 위로받고 싶지 않았다. 온종일 서서 설거지만 했다고 억울한 건 아니었다. 그 뒤 많은 일이 나를 힘들게 했다. 내 머릿속에는 온통 '벗어나고 싶다. 어떻게 하지?'라는 말만 맴돌았다. 친정아버지는 엄하셨지만 자라면서 자식들에게 매를 든 적은 없었다. 하지만 난 아버지의 엄격함 속에 눈치를 보고 자라다 보니 내성적으로 변했다. 하고 싶은 말을 자유롭게 하지 못하고 자랐다. 어쩌면 아버지는 구속하지 않았는데 내가 유리벽을 치고 있었는지도 모르겠다. 간섭받고 싶지 않았다. 아버지 앞에 게으름을 피울 수 없으니 좀 편하게 내 맘대로 살고 싶었다. 그게 결혼이었던 것 같다.

아이들이 태어나면서 살 것 같았다. '눈에 넣어도 안 이프다'라는 말이 실감 날 정도로 첫아이는 내가 살아가는 이유가 되었다. 둘째도 그러했다. 아이들에게 푹 파묻혀 지내다 보니 걱정도 근심도 언제 있었냐는 듯 잊고 지냈다. 내 인생은 오롯이 이 아이들만 바라보고 살자 다짐했다. 하지만 인생은 결코 내가 원하는 대로만 흘러가지 않았다. 아이들이 아프거나 사춘기로 힘들어할 때 같이 아파했고 같이 울었다. 내 도움이 필요 없는 아이들을 보며 그냥 인생이 허무하게 느껴졌다. 곧 잡고 있던 이 아이들을 놓을 준비를 해야 했다. '내가 욕심이 많은 걸까? 욕망을 내려놓고 머리 깎고 조용한 절에 들어가 마음 수양하고 싶다.'라는 생각도 자주 했다. 내가 빠진 내 인생을 살고 있다고 생각한 어느 날 나를 다시 찾고 싶었다. 인생 공부를 하고 싶었다. 우리 부모님처럼 상대를 배려하며 무조건 참고 양보하며 인내하며 살고 싶지 않았다. 왜 항상 나만 양보하며 살아야 하는지 되묻고 싶었다.

강신주 철학자는 인생은 원래 좋은 일만 있는 것이 아니라 나쁜 일도 번갈아 가며 온다고 했다. 인생은 행복만 있는 것이 아니고 누구나 크고 작은 일을 겪는 거라고, 그게 인생이라고 했다.

그 말을 들으며 새로 깨어나는 것 같았다. 책 속에서 많은 인생 선배들을 만나며 어떻게 살아가야 하는지 알 것 같았다. 그동안 잘못된 인식으로 세상을 바라봐서 내가 한없이 작아 보였다고, 가치 없는 것에 가치를 부여해서 힘들게 살아왔노라고 말하고 있었다.

분명 책 속에는 답이 있다. 훌륭한 업적을 남긴 위인 중 책을 읽지 않은 사

정말 죽을 것 같아 시작한 독서가 삶을 바꾸었다

람은 없는 것 같다. 나 역시 책을 읽으며 삶의 해답을 찾아가는 과정에 있다. 그동안 멈춰 있던 뇌가 책을 통해 다시 살아나고 있는 느낌이 든다. 이제야 내가 나다운 모습을 갖춰가는 것 같다. 내 의사조차 말 못 했던 바보 같은 날들이 나를 위축시켰음을 알게 해준 것은 책이었다. 내가 이 세상에 하나밖에 없는 존귀한 존재라는 것도, 무한한 에너지가 내 속에 있다는 것도, 주변인이 그렇게 중요하지 않다는 것도, 인생 살 만하다는 것도 모두 책이 알려주었다.

02
나만의 작은 책장을 만들어라

책 제목만 보고 있어도 나에게 주는 영감이 온다

3년 전부터 문득 '나를 찾고 싶다'는 생각이 들었다. 타인을 지나치게 배려하며 살았던 삶에서 벗어나고 싶었다. 캠페인이라도 하듯 우후죽순 관련 도서들이 쏟아진다. '그래, 나만 느끼는 게 아니었구나.' 나를 괴롭히는 피곤한 삶에서 벗어나자. '그렇게 해도 괜찮아.' 내면에서 그렇게 하라고 말해준다. 책을 읽으며 나의 목소리에 힘을 얻기 시작했다. 그러면서 나에게 집중하고 싶었다. 모든 것을 아이들에게 맞추던 생활에서 나에게도 관심을 가지기 시작했다. 갖고 싶은 것도 생겼다. 나만의 공간이 필요했다. 방 세 칸으론 부족했다. 나에게 집중하면서 크고 작은 욕망이 살아났다.

우리 집 거실 한쪽 벽면은 항상 책꽂이가 병풍처럼 늘어져 있다. 그 책들을 보면 뿌듯하다. 그 책만큼 머리에 지식으로 채워져 지혜롭게 살아갈 아이들의 모습이 떠오른다. 엄마의 역할 중 하나가 '책을 좋아하는 아이로 만드는 것'이라 생각한다. 그 당시 나의 책은 그 많은 책꽂이 중 단 세 칸만 차지하고 있었다. 한참 아이들이 어릴 땐 책을 사들이느라 바빴다. 모두 아이를 위한 책이었다. 여느 집이나 마찬가지일 것이다. 또래 친구네 집을 방문하면 그 집 책꽂이에 어떤 책이 꽂혀 있나 내가 모르는 새로운 책이 들어왔나 구경하는 재미도 쏠쏠하다. 친구도 마찬가지로 본인 책보다 언제나 아이를 위한 책에만 관심을 가지고 구매도 했다. 아이들 책이 늘어갈수록 내 마음에 풍요도 채워졌다. 아이들 책에만 유독 관심을 가졌던 이유가 뭘까? 그땐 내가 책을 읽고 성장하는 것은 이미 때가 늦었다고 생각했으리라.

한번은 친구네 집을 방문했는데 서재를 보고 부러웠다. 그 친구는 서재가 마련되어 자기만의 공간을 갖추고 있었다. 그때 비로소 나도 갖고 싶은 나만의 공간에 대한 갈망이 꿈틀거렸다. 그땐 내 책이 거의 없었는데도 그런 생각을 했다. 지금은 내 책이 매주 늘어나고 있다. 늘어나는 책을 보며 서재에 대한 욕구도 커지고 있다. 솔직히 서재를 보면 이젠 그 사람이 어떤 책을 보는지 궁금하다. 읽는 책만으로도 그 사람의 의식 수준과 관심 분야 및 어떤 사고를 하는지 알 수 있기 때문이다. 나도 처음엔 내가 읽는 책들을 거실 붙박이장 속에 넣어두고 읽었다. 남들에게 보여주기 싫었기 때문이다. 그래서 누군가 우리 집에 방문하는 것도 반기지 않았다. 내가 읽는 책을 들키고 싶지 않았기 때문이다. 그 책을 보면 내 생각을 들여다볼 수 있기 때문이다.

당신은 책장을 가지고 있는가? 책을 자주 보기 위해선 자주 보이는 곳에 책장이 있어야 한다. 지인 중 한 분은 나에게 말했다. 본인은 아주 큰 책장을 가지고 있다고. 처음엔 정말 그런가 싶어 그 집이 무척이나 궁금했다. 어느 날 초대를 해서 그 집을 방문했는데 깜짝 놀랐다. 너무나도 깨끗한 그 집엔 책이라곤 구경할 수도 없었다. 도대체 책장이 어디 있냐고 물었더니 잘 찾아보라고 했다. 끝내 찾지를 못하자 얼마나 웃어대는지, 그때서야 내가 속은 것을 알아차렸다. 지인은 집 안에 없고 밖을 보라며 손으로 가리켰는데 그곳은 황당하게도 집 앞에 자리한 도서관이었다.

보고 싶은 책이 있으면 도서관 가서 보거나 대출해서 보면 되기에 굳이 책을 사지 않는다고 했다. 집 안에 책장을 둘 이유가 없다고 말했다. 물론 도서관이 집 앞에 있어도 내가 소장하고 싶은 책은 있을 텐데 이해하기 힘들었다. 집 앞 도서관이 부럽기도 했지만, 그녀의 생각에 동의하고 싶지는 않았다. 내 책이 아닌 대출한 책을 볼 때 나는 정말 불편하다. 이제 책에 줄긋고 메모하는 습관이 들어서 더더욱 불편함을 느낀다.

출판시장은 예나 지금이나 어렵다고들 말한다. 사람들이 책을 많이 안 읽

정말 죽을 것 같아 시작한 독서가 삶을 바꾸었다

는다고 하고 책을 좀 읽는 사람들은 도서관을 이용하거나 전자책을 이용하는 경우가 늘고 있다. 내가 책을 읽은 후 내 주변에는 책을 읽는 사람들이 많이 늘었다. 아니 대부분이라고 해도 과언이 아니다. 그런데도 한쪽에선 책 읽는 사람이 없다고 하니 의아하다. 요즘 독서 모임이나 북카페를 찾는 사람도 많이 늘었다. 내가 아는 지인은 낭독회에 참석하고 있다. 그들은 모두 책을 읽는다. 그러나 지금 출판시장에서는 전자책을 대안으로 보고 있다.

지인 K는 멀리 여행을 갈 때 가방에 읽고 싶은 책을 가져간다. 요즘은 읽고 싶은 책은 많은데 짐이 많아서 못 들고 갈 때 전자책을 이용한다고 했다. 탭만 들고 가면 여러 권의 책을 입맛대로 골라 읽을 수 있어 편리한 점도 많다고 한다. 전자책이 처음 나올 때 나도 '이제 누가 종이책을 볼까?' 생각했다. 그래서 출판시장과 그와 관련된 가구 시장은 앞으로 힘들 줄 알았다. 전자책으로 출판계가 완전히 달라질 줄 알았다. 이사 갈 때 책이 차지하는 짐은 참 많다. 그러고도 사실 책 짐을 줄이는 것은 어렵다. 짐만 차지하는 종이책이 곧 사라질 것 같았던 나의 예감은 실패했다. 전자책이 나오기 시작한 지 이제 3년이 되어간다. 하지만 종이책은 아직 사라지지 않았다.

가구 시장에서도 여전히 책장을 만들어내고 있다. 참 신기한 것은 '전자책이 대세일 것이다.' 예측했던 나조차도 종이책의 매력에 빠져들고 있다는 것이다. 책을 읽으면 읽을수록 종이책의 장점은 너무 많다. 한 장 한 장 넘길 때의 질감도, 새 책의 종이 냄새도, 메모할 때와 볼펜으로 줄그을 때의 소리와 촉감까지도 모두 좋다. 전자책에선 느낄 수 없는 것들이다. 요즘 미니멀 라이프를 보며 실행하고 싶지만, 다른 것은 다 줄여도 책만큼은 줄일 수 없을 것 같다.

종이책을 읽으며 종이책이 주는 매력에 빠지다 보니 내 돈을 주고 책을 사는 일이 대부분이다. 주위에서 좋다고 권하는 책은 일단 서평이나 도서관에서 대출 후 읽어보고 소장하고 싶은 책은 구매한다. 처음부터 내 마음에 드는 책은 바로 온라인 서점에서 구매해서 읽는다. 예전에는 내 책은 돈을 주고 사기가 아까웠다. 하지만 지금은 반대다. 아이가 필요하다는 책 중 소장가치가 있는 것은 바로 구매하고, 그렇지 않은 것은 모두 도서관에서 대출해서 준다. 한번은 내 책 택배가 자주 오니 아들과 딸이 약간의 질투심을 보였다.

"왜 맨날 엄마 책만 사?"

"응, 엄마도 필요한 책이 있으니깐."

"그래도 너무 많이 사는 것 같은데…."

"다 필요해서 사는 거야, 걱정 안 해도 됩니다!"

"다 비슷한 책들인데 그냥 도서관에서 빌려보지…."

정말 죽을 것 같아 시작한 독서가 삶을 바꾸었다

어느 순간 늘어나는 내 책에 아이들은 한마디씩 한다. 그런 모습들이 귀엽기도 하고 이제는 엄마 나이에도 독서에 열중하는 모습을 보여주고도 싶었다. 아이들은 학년이 올라갈수록 시간이 부족하다 보니 자연스럽게 책 읽을 시간이 줄어들었다. 늘어나는 내 책을 보관하기 위해 기존에 아이들이 안 보는 책을 책장에서 빼고 책을 꽂을 생각이었다. 순간 아이들의 모습이 떠올랐다. 엄마가 자기들을 위해 온전히 시간을 사용했는데 갑자기 엄마 자신에게 집중하는 모습에 서운하기도 했을 것이다. 그래서 나만의 책장을 따로 만들기로 했다. 생각 같아선 나의 서재가 있는 방을 따로 만들고 싶지만, 아직은 나의 서재를 갖출 만한 독립된 공간이 없다. 더 많은 책이 늘어나면 이사도 고려할 생각이다.

지금 작은 책장은 만들어놓고 있다. 내 책만 꽂혀 있는 작은 책장을 보고 있으면 기분이 좋아진다. 커피를 한잔 마시며 책장에 꽂힌 책들을 보면 그 책을 읽었을 때의 감정을 다시 느끼게 된다. 그때의 기분을 느끼고 싶거나 그때 한 생각을 들여다보고 싶을 땐 바로 확인할 수 있다. 인간은 망각의 동물이라 했다. 시간이 지날수록 기억은 사라진다. 일주일 단위, 2주일 단위, 한 달 단위로 한 번씩 책을 훑어보면 장기기억으로 저장하는 데 도움이 된다. 물론 독서 기록을 한 노트나 블로그에 기록을 해두었다면 그 기록을 보는 것도 좋지만, 원본 책을 한 번 더 읽으면 예전에 느끼지 못했던 내용에서 새로운 깨달음을 얻을 때가 많다.

아직도 나만의 책장이 없다면 작은 책장이라도 만들어보자. 눈에 잘 띄는 곳에 두는 것도 중요하다. 나는 내 책상 바로 건너편에 두고 있다. 고개만 들면 바로 보이는 위치다. 책장에 꽂아두고 눈으로 자주 보는 것과 수납장에 두고 생각날 때 한 번씩 찾아 읽는 것과는 차이가 난다. 책을 자주 볼 수 있는 공간에 전시함으로써 책을 읽고 싶은 충동도 느끼고 그때의 감동도 다시 떠올려보며 충만감과 편안함을 느낄 수 있다. 책 제목만 보고 있어도 나에게 영감이 온다. 사색하는 시간도 가져보게 된다. 훌륭한 저자와의 만남은 나를 한층 업그레이드시켜준다. 책장을 보면 그 사람을 알 수 있다. 책 속 어떤 저자와 만났느냐에 따라 과거와 현재는 달라질 것이다. 그 사람의 생각 역시 읽는 책을 보면 짐작할 수 있다. 작은 책장 하나가 주는 행복을 느껴보기 바란다. 보여주기 위한 장식품이 아닌 정말 책의 가치를 알고 소중함을 느끼는 시간이 되었으면 좋겠다.

정말 죽을 것 같아 시작한 독서가 삶을 바꾸었다

03
질문을 던지면서 읽어라

질문을 통해 사색하는 습관을 들이자

첫째가 초등학생 때의 일이다. 아이가 학교에서 돌아와 시무룩한 표정으로 소파에 앉았다.

"아들, 학교에서 무슨 일 있었니?"

"아니…"

"왜 말해봐, 친구랑 다퉜어?"

"아니야!"

"아들, 괜찮아, 말해봐."

"오늘 수업시간에 선생님이 각자 집에서 돈이 많이 들어가는 지출 항목 발표시켜서 '식비'라고 발표했는데 선생님이 비꼬듯이 말했어."

"뭐라고 하셨는데?"

"너희 집은 매일 쇠고기 먹냐. 그 말 듣고 기분 나빴어."

아들이 기분 나쁠 만했다. 그 당시 우리는 사교육을 거의 안 시키고 있었기에 교육비보다 식비가 많이 들어갔다. 되도록 유기농 재료를 사서 먹였고, 외식도 건강 음식 위주로 했다. 유독 성장이 늦은 아이를 위해 성장에 도움이 되는 고기 반찬을 끼니마다 빠뜨리지 않았다. 선생님의 답변에 나 역시도 언짢았다. 꼭 그렇게 말해야 했을까? 식비가 많이 드는 게 뭐가 잘못된 것일까? 교육비가 많이 들어가는 집도 있을 것이고, 문화 여가비에 돈을 많이 지출하는 집도 있을 것이다. 선생님의 이런 핀잔이 아이를 발표에 소극적으로 만드는 동기가 된다. 지금은 그때 선생님의 상황이 조금은 이해가 간다. 본인의 상황에서는 두 아이의 교육비를 감당하기 엄청 힘이 들었을 것이다.

우리나라 교육은 항상 정답만을 요구한다. 그때 선생님이 원한 답은 '교육비'였다. 사실 다른 뜻이 있었나 생각하기도 했다. 매번 칭찬을 받고 자랄 수는 없을 테니 말이다. 선생님의 질문에 항상 정답만 말해야 할까? 그 정답은 누가 만든 걸까? 모든 선생님이 그런 건 아니다. 선생님을 탓하기도 어려운 문제다. 지금껏 선생님도 정답만을 요구하는 학교생활, 사회생활을 해왔으

정말 죽을 것 같아 시작한 독서가 삶을 바꾸었다

니 누구를 탓하리오. '시간은 금이다', '빨리빨리 문화'로 젖어온 우리 사회의 문제점일 것이다.

우리는 질문에 답을 어떻게 해야 할까? 정말 내 생각을 듣고 싶은 것인지, 아니면 정답을 알고 있는지 확인하고 싶은 것인지 아직도 혼란스럽다. 사실 학창 시절 선생님께서 수업시간에 질문을 던지면 생각할 겨를도 없이 발표자의 이름이나 번호를 부르신다. 그 몇 초 사이 질문의 답을 찾기도 전에 머릿속은 얼어버린다. '제발 나와 눈을 마주치지 않기를…' 복습과 예습으로 예정된 질문은 그래도 마음이 편안하다. 하지만 예측하지 못한 질문에 틀린 답을 말하면 왜 그리 부끄럽게 생각했는지 모르겠다. 그냥 내 생각을 말하면 되는데 말이다.

이것 또한 경험으로 축적된 인식일 것이다. 유독 발표를 많이 시켰던 수업시간엔 수업 종료를 알리는 종소리는 아이들의 구세주가 되었다. 살았다는 한숨 소리가 여기저기 들려온다. 그때 그렇게 두려웠던 수업시간이 지금은 참 아쉽기만 하다. 아이들에게 좀 더 자연스럽게 발언의 기회를 주었다면 얼마나 좋았을까?

강의나 강연회에 참석하면 마칠 때쯤 강연자는 어심없이 하는 말이 있다.

"질문 있는 분 하세요."

"딱 세 분만 받을게요."

"……."

갑자기 강연장은 조용해진다. 솔직히 질문하는 이가 거의 없다. 질문하는 분위기에서 공부하지 않아서 더 소극적인 것 같다. 누군가 내가 궁금해하는 것을 먼저 질문해주길 기다린다. 기다리는 동안 참 답답하다. 왜 그렇게 자신이 없을까? 이 또한 내가 한 질문이 엉뚱한 질문이 될까 걱정되기 때문이다. 그로 인해 여러 사람 앞에서 괜히 창피를 당할까 걱정해서다. 이제 이런 쓸데없는 걱정을 지워버리고 궁금한 것은 당당하게 물어보자. 마음만으로는 잘되지 않을 것이다. 맹목적으로 넋 놓고 강의를 들어서 질문할 것이 없을 수도 있다. 강의를 생각하며 들었다면 분명 질문거리가 생겼을 것이다. 이제 책을 통해 질문하는 습관을 만들어보자.

책을 읽으며 질문을 하자. 누가 보지 않기 때문에 궁금한 것은 마음껏 질문할 수 있다. 여러분은 책을 어떻게 읽는가? 이 책에서 저자가 하는 말을 100% 수용하는가? 그러다가 상반된 저자의 책을 읽으면 또 그렇게 수용하는가? 어떤 저자의 책을 만나느냐에 따라 내가 만들어진다. 생각 없이 수용만 한다면 아주 위험한 독서가 되는 것이다. 사람 사귀는 것도 같다. 주변에 어떤 사람들과 어울리느냐에 따라 나라는 존재가 평가된다. 그들의 말에 점점 동화된다. 그래서 주변인도 참 중요하다.

정말 죽을 것 같아 시작한 독서가 삶을 바꾸었다

아이들에게는 좋은 친구를 사귀어야 한다고 항상 말한다. 좋은 친구란 어떤 친구일까? 생각해볼 문제다. 어른 역시도 마찬가지다. 어떤 사고를 지닌 사람들과 어울리느냐에 따라 성장하는 삶을 살아가는지, 올바른 삶을 살아가는지, 잘못된 길을 가고 있는지 결정된다. 따라서 내 생각의 중심을 잡고서 받아들일 것과 받아들여서는 안 될 것을 구분할 줄 알아야 한다.

책을 읽으며 어떻게 질문할 것인가?

저자의 생각에 물음표를 달아보자. '왜 저자는 이런 생각을 했을까?' '나는 이렇게 생각하는데.' '저자가 이런 생각을 하게 된 계기가 뭘까?' '그 시절의 배경상 그럴 수밖에 없었겠구나. 나라면 어떻게 했을까?' '이 책에서 저자가 말하고자 하는 것은 뭘까?' '나는 이 책에서 뭘 받아들일 것인가?' 이렇게 계속해서 질문하는 훈련을 해보자.

예전의 나는 그냥 생각 없이 저자가 주는 대로 다 받아들였다. 책을 낸 작가들은 모두 나보다 먼저 경험했기에 훨씬 낫다고 생각했다. 하지만 질문하는 습관을 들인 후로는 작가의 생각을 전적으로 받아들이지 않는다. 물론 처음 읽을 땐 저자의 관점에서 읽어야 한다. 열린 마음으로 읽은 후 질문은 비판적 입장에서 해보는 것이다. 나의 고정 관념으로 서자의 생각을 전적으로 비판하는 것은 옳은 방법이 아니다. 그렇게 되면 독서로 성장을 기대하기는 어려워진다. 또 내 경험이 무조건 옳다고 여기지 말자. 고정 관념을 깨야 삶이 변할 수 있다. 책은 나를 좀 더 객관적으로 보는 지침서가 되어야 한다.

아이들은 책을 보면 질문을 많이 한다. 어릴 적 동화책을 읽어주면 한 페이지도 읽기 전에 질문이 훅훅 들어온다. 처음엔 알려주다가 시간이 흐르면서 지치면 성의 없는 답을 해주곤 했다. 이처럼 우리도 어릴 때는 질문이 많았는데 시간이 지나면서 질문으로 안 좋았던 경험이 쌓여 자연히 질문이 줄었으리라 생각한다. 적어도 나의 경험은 그렇다. 책을 읽으며 질문을 해야 한다. 호기심 많은 아이처럼 열린 마음으로 궁금한 것은 무엇이든지 말이다. 질문도 습관이 되어야 한다. 책을 읽으며 궁금하거나 질문이 생기면 책의 여백에 적어둔다. 그때 떠오르는 내 생각도 같이 메모해두고 다 읽은 후 노트에 따로 기록한다. 독서 중 노트에 기록해두는 것도 괜찮다. 질문에 내 생각을 적는 훈련은 사고력 확장 및 글쓰기와 말하기에 도움을 줄 수 있다.

질문을 던지며 책을 읽자. 우리가 책을 읽는 이유가 무엇인가? 분명 상황에 따라 책을 읽는 목적이 있을 것이다.

- 내가 이 책을 통해 얻고 싶은 것이 무엇인가?
- 어떤 새로운 정보를 얻을 수 있는가?
- 저자는 어떤 의도로 이 글을 썼는가?
- 저자와 나의 의견이 같은지 다른가?

정말 죽을 것 같아 시작한 독서가 삶을 바꾸었다

- 저자와 의견이 다르다면 그 이유는 무엇인가?

- 정보를 어떻게 활용할 수 있는가?

이와 같이 많은 생각을 할 수 있다. 책을 읽다 떠오르는 생각을 그냥 흘러 버리지 말자. 이해가 되지 않는 부분은 표시를 해두고, 단 5분이라도 그 생각을 붙들고 사색해보자. 처음엔 이해되지 않았던 문장이 사색을 통해 이해되는 순간이 온다. 또 다른 생각을 생산해내며 깨달음을 얻게 된다. 독서를 하는 궁극적인 이유는 바로 성장하기 위함이다. 질문 없는 성장은 더디다. 그러므로 질문을 통해 사색하는 습관을 들이자. 분명 달라진 모습을 확인하게 될 것이다.

04
책을 읽어라, 당신의 인생이 180도 달라질 것이다

책을 읽고 내 삶에 변화를 가져오려면 행동해야 한다

두 달 전 카페에서 독서를 하다 예순 정도 되신 모 대학 총장님과 교수님의 말을 듣게 되었다. 바로 옆자리에서 나누는 얘기는 듣고 싶지 않아도 자연스레 들렸다. 곧 가을 학기가 지나면 신입생을 유치하기 위한 마케팅을 해야 한다고 했다. 마케팅 비용도 적잖이 들어간다며 두 분의 걱정 섞인 대화는 계속되었다.

"내년에 신입생이 얼마나 들어올지 걱정입니다."
"학기 중에 휴학하는 학생들도 늘고 있고…."

정말 죽을 것 같아 시작한 독서가 삶을 바꾸었다

"요즘은 취업이 빨리 안 되면 휴학을 많이 하다 보니 재정이 힘드네요."

"기간제 교수들도 요즘 3년 계약을 기본으로 하니 걱정입니다."

대화 중에 나를 힐끗 쳐다보면서도 계속 대화를 이어갔다. 내 아이가 대입을 준비 중이라는 것은 몰랐을 것이다. 눈치를 챘다면 대화를 중단했을 것이다. 솔직히 그 대화를 들으며 지금 지방 대학들의 재정이 얼마나 어려운지 가늠할 수 있다. 재정이 어려운 대학 사정을 알고서 그 대학교에 보내긴 싫을 것이다. 이젠 대학교 스펙조차도 먹히지 않는다는 것을 알아야 한다. 대학도 상위 좋은 대학만 살아남을 것이고, 지방에 경쟁력이 없는 대학은 살아남기 위해 온갖 노력을 해야 할 것이다.

누군가 한 말이 기억난다. 이제는 돈만 있으면 대학에서 학생들을 환영하는 시대가 될 것이라고. 하지만 학생도 학부모도 현실을 파악하는 분위기다. 대학 졸업장은 그만한 가치를 지니지 못하고 있다. 지방이라 체감도가 더 빠른 것 같다. 그동안 우리는 명문대에 보내기 위해 어릴 때부터 시간과 돈을 투자해왔다. 하지만 지금의 세상은 명문 대학을 나왔다고 인생이 잘 풀리는 시대가 아니다. 급변하는 시대에 대학 스펙은 옛날이야기가 되고 있다.

대전에 사는 지인 중에 경제경영학 교수가 있다. 그분의 말씀이 갑자기 떠오른다. 작년에 그분을 뵈었을 때 힘들다는 표현을 하셨다. 본인이 10년간 잠

안 자고 연구하고 투자한 것이 지금은 아무 쓸모가 없어졌다고 하셨다. 그만큼 사회가 급변하는 것이다. 공부하는 속도가 사회 변화를 따라가기 힘들다는 것이다. 사회가 우리가 생각하지도 않은 방향으로 급변하다 보니 앞으로 사라질 직업들도 많이 생길 것이다. 우리 주변을 둘러보면 바로 체감할 수 있다. 대형 마트가 사라지고 있다. 솔직히 요즘 마트를 가면 텅 빈 매장을 종종 보게 된다. 물론 코로나바이러스19의 영향이겠지만 이로 인해 급변하는 사회를 우리는 체감하고 있다. 일하는 사람도 매장도 줄고 있다.

백화점에 근무하는 지인의 얘기다. 하루 2교대에서 한 매장 한 사람만 직원을 쓰는 곳이 많아졌다. 예전에는 2~3명이 교대로 식사를 했지만, 지금은 옆 매장 직원에게 매장을 부탁하고 식사를 허겁지겁하고 온다고 했다. 지금 너무 힘들지만 이렇게 다닐 일터가 있는 것만이라도 감사하다고 했다. 생각지도 못한 코로나바이러스19로 사회가 빠른 속도로 변하고 있다. 학교 수업 방식이 바뀌고 있다. 온라인 화상 수업으로 빠르게 전환되고 있으며, 또 홈스쿨이 늘어날 것이다. 직장인들의 재택 원격 근무도 증가하고 있다. 오프라인 매장을 찾지 않고, 온라인에서 쇼핑하고 필요한 제품을 구매한다. 배달업이 늘어나고 있다. 아마존은 자율주행 배송 로봇에 투자하고 있다. 머지않아 로봇이 배송하는 시대가 열릴 것이다. 지금도 로봇이 서빙하는 음식점이 늘고 있고, 주문 역시 무인 자동 주문기에서 주문을 한다. 사람들의 일자리가 급격히 줄어들고 있다.

정말 죽을 것 같아 시작한 독서가 삶을 바꾸었다

생각보다 사회의 변화 속도가 빨라지고 있다. 그 속도를 따라가지 못하고 있는 사람들과 준비하는 사람들과의 격차는 엄청나게 벌어질 것이다. 위기를 기회로 보고 움직이는 사람들을 보라. 그들은 사회 변화를 몸소 느끼고 공부하고 준비하고 있다. 어떤 자료를 가지고 준비하는 걸까? 지금 서점에는 이미 예측이라도 한 듯이 언컨택트(uncontact) 시대 우리의 마음가짐과 준비해야 할 사항들, 생존 공식에 관련된 책들이 쏟아지고 있다. 언컨택트란 비접촉, 비대면이란 뜻으로 사람들과 비대면으로 살아가는 시대를 일컫는다. 예전에 아이들이 스마트폰을 가지고 노는 것을 부모들은 싫어했다. 게임 중독이 될까 걱정을 했다. 이제는 스마트폰을 자유롭게 사용하지 못하면 안 되는 시대에 접어들었다. 은행 업무, 민원서류, 사진, 배달음식, 콜택시, 서류 작성, 장보기 그 외 많은 일을 스마트폰으로 해결하고 있다. 이제는 통화를 위한 기기가 아니다. 언컨택트 시대에는 개인의 역량으로 살아갈 준비를 철저히 해야만 살아남을 수 있다.

솔직히 코로나바이러스19로 더 빨라진 언컨택트 시대에 하마터면 큰 실수를 할 뻔했다. 작년 겨울 매장을 하나 구하기 위해 부동산을 알아보고 있었다. 신도시에 한 군데 마음에 든 장소가 있었으나 월세가 상당히 비싸서 보류 중이었다. 계약했으면 큰일 날 뻔했다. 정말 한 치 앞을 내다볼 수 없는 시대를 살고 있다. 지금 오프라인 매장을 운영하는 분들의 심정은 감히 상상할 수 없을 정도일 것이다. 나 역시도 책을 접하지 않았다면 먼 산 보듯이 시대의 흐름만 쳐다보았을 것이다. 하지만 지금은 책을 통해 마음가짐이 달라 졌다. 이 위기에 내가 살아남기 위해 무엇을 준비해야 하는지, 어떻게 살아 남을 것인지 생각하고 준비하는 단계에 있다. 유튜브로 이러한 현실을 아는 사람은 많을 것이다. 하지만 적극적으로 행동을 취하는 사람은 극히 적다고 본다. 코로나바이러스19를 유튜브를 통해 처음 접했지만, 그 심각한 상황이 진짜인지 가짜인지 의구심을 가졌다. 그런데 불과 한 달 만에 우리나라는 물 론이고, 전 세계로 급속히 전파되어 우리 생활을 위협하고 생활 환경이 변하 고 있다.

김미경 저자의 『김미경의 리부트』(웅진지식하우스)는 코로나 재앙으로 멈 춰버린 사회에서 살아남는 방법을 제시하고 있다. 코로나 이후 펼쳐질 사회 에 대비하기 위해 우리가 해야 할 것은 무엇인지, 이 혼란 속에 상점들이 문 을 닫고 일자리를 잃는 사람들이 늘어나고 있다. 이에 미래에 대한 불안을 느낀 사람들이 주식과 부동산에 투자하고 있다. 주식과 부동산 역시 내 힘 으로 가치를 올릴 수 있는 것이 아니다. 저자는 그것보다 더 중요한 것은 자 신에게 있다고 한다. 내 가치를 높이는 일에 투자하고 공부해야 함을 강조 하고 있다. 김상임 저자의 『마음을 아는 자가 이긴다』(쏭북스)는 '논컨택트 (Noncontact)시대', 사람의 마음을 얻는 커뮤니케이션에 대해 말하고 있다. 생 각, 감정, 갈망으로 사람의 마음을 알아차릴 수 있는 경청에 대해 얘기한다. 코로나바이러스19로 인해 비대면 논컨택트 시대에 화상 너머에 있는 상대

정말 죽을 것 같아 시작한 독서가 삶을 바꾸었다

의 마음을 읽고 알아차림으로 사람을 움직이게 하는 '마음 알아차림' 경청
의 힘의 중요성을 전하고 있다. 내 마음을 알아차리면 내가 변하고, 상대의
마음을 알아주면 상대가 변한다. 4차 산업혁명, 인공지능 시대에 대체 불가
능한 것은 사람의 마음임을 저자는 강조하고 있다. 그 외 김용섭 저자의 『언
컨택트: 더 많은 연결을 위한 새로운 시대 진화 코드』(퍼블리온) 책을 보면 지
금 현재 상황에서 우리가 준비해야 할 것을 확인할 수 있을 것이다.

지금 우리 모두는 코로나19로 불안에 떨고 있다. 그동안 위기를 잘 극복한
민족이라 이 또한 잘 극복해서 지나갈 것이라 말하는 사람도 있다. 불안감을
조성하고 싶은 게 아니다. 1997년 한국 IMF 외환 위기 때와는 또 다른 양상
이다. 코로나 재앙으로 실업, 폐업, 파산 위기를 겪고 있는 지금, 무엇을 준비
해야 할까? 이 또한 앞에서 말한 바와 같이 그에 맞는 공부로 대처해야 한다.
회사를 믿고 안주해서는 안 된다. 개인이 살아갈 궁리를 해야 한다. 이제는
온라인으로 준비해야 할 때다. 코로나바이러스19가 언제 종식될지, 또 어떤
새로운 사회가 만들어질지 아무도 모른다. 이런 불안한 시기에 그래도 준비
를 하고 공부를 하고 있어서 불안감은 조금 덜하다. 온라인에 모든 게 서툰
나로서는 힘든 일이지만, 미래에 대한 예측 불가로 아무것도 모르고 불안에
떨고 있는 사람들보다는 낫다.

책을 읽어라. 당신의 인생이 180도 달라질 것이다. 어떤 이는 책을 읽어도

달라지는 것이 없어서 이제는 책을 읽지 않는다고 했다. 책을 읽고 내 삶에 변화를 가져오려면 행동해야 한다. '암 극복' 책을 읽으면 암을 극복할 수 있을까? 사람들은 책을 읽는 동시에 문제가 해결된다고 생각한다. 착각이다. 책에서 제시하는 식단과 운동을 해야 한다. 다이어트도 마찬가지다. 행동하지 않고 이루어지는 것은 아무것도 없다. 내게 코로나 재앙으로 불안에 대비해 준비할 것을 예측해준 것도 책이고, 또 소통의 부재로 자칫 오해를 불러올 상황에서 대인 관계를 원활하게 이끈 것도 책이다. 내 안의 문제점을 알게 하고 개선 방안을 알려준 것 또한 책이었다. 내 인생의 귀인이며 멘토를 만난 것도 책을 통해서다. 책을 통해 귀인을 만나며 하루하루 성장하는 나를 본다. 당신도 지금 불안하다면 해결되지 못한 문제가 있다면 당장 서점으로 가서 해결책을 찾아보기 바란다. 어쩌면 나와 같이 평생의 귀인을 만나게 될 수도 있을 것이다. 요즘 '운', '행운'을 좇는 사람들이 많다. 그 운은 사람을 통해서 오는 것이다. 이제 내 주변에서 행운을 줄 사람을 찾지 말고 책에서 찾아보자.

정말 죽을 것 같아 시작한 독서가 삶을 바꾸었다

05
책을 읽는 것만으로도 자기 계발이 된다

미루던 습관도, 사고력도, 끈기도, 자기애도 모두 향상되고 개선된다

우리는 왜 자기 계발을 하려고 하는가?

현재 내 삶에 만족을 못 하거나, 더 멋진 모습, 성공자를 꿈꾸기 때문이 아닐까? 나 역시 10여 년 전 우울감을 느끼며 만사가 귀찮아졌다. 무기력한 생활이 지속되면서 점점 삶의 의욕도 잃어갔다. 살아온 날도 얼마 되지 않았는데 의욕 없이 살아가는 내 모습이 너무 보기 싫었다. 나도 뭔가 새롭게 해보고 싶었다. 에너지를 느끼고 싶었다. 뭘 해야 할지 고민을 했다. 내가 좋아하는 것이 무엇인지, 무엇을 했을 때 기뻤는지, 어떻게 살았을 때 만족을 할지, 내 에너지를 끌어올릴 수 있는 일이 무엇인지 생각했다. 사색이 길어지던 어느 날 에너지가 생기고 있는 것을 느꼈다. 책을 통해 작은 희망을 보았기 때문이다.

2년 전 몸이 안 좋아 피부 마사지 샵에 회원 등록을 하고서 경락을 받으러 다녔다. 원장님의 손길이 닿을 때면 뭉친 근육으로 비명을 지르기도 했다. 10년 전 정기검진에서 혈액 나이가 60대라고 했다. 그땐 30대 중반인데 60대의 혈관을 가지고 있었으니 심각했다. 그제야 정신이 들었다. 담당 선생님이 말씀하셨다.

"종합비타민 챙겨 드세요? 비타민D도 꼭 챙겨 드셔야 합니다."

그전부터 가끔 먹어왔지만, 그 이후 더 건강에 신경을 썼다. 조금이라도 게을러지면 몸은 바로 알아차렸다. 어느 날 피부 샵 원장님이 다음과 같이 말했다.

"자기는 몸은 힘들다고 말하는데 얼굴은 시간이 지날수록 더 빛이 나네. 무슨 좋은 일 있어?"

"아, 요즘 책을 좀 읽고 있어서 그런가요?"

"요즘 무슨 책 읽어? 나도 좀 알려주라."

"책 읽으면 기분이 좋아져요."

이분은 자기 계발서는 안 읽는다고 했다. 예전에 한참 읽어서 더 이상 읽을 필요가 없다고 했다. 이유를 묻고 싶었지만 내 짐작에 분명 별로 얻은 게 없는 듯했다. 나는 책을 읽기 시작하면서 정말 얼굴빛이 좋아졌다. 주변에서 "좋은 일이 있으면 같이 공유합시다."라는 얘기를 많이 할 정도였다. 그 당시 자기 계발서와 인문철학과 같은 책을 많이 읽었다. 책을 통해 내면의 치유 경험도 했다. 책은 그동안 억눌려 있던 나를 세상 밖으로 나오게 했다. 그 힘은 정말 대단했다.

『내가 확실히 아는 것들』(북하우스)의 저자 오프라 윈프리는 다음과 같이 말했다.

"바로 지금이 선택해야 할 순간이다. 지금 이 순간만이 우리가 존재를 확신할 수 있는 유일한 순간이다. 자리에서 일어나 밖으로 나가, 온전하게 살겠다는 선택을 하자. 그렇게 당신의 여행은 시작된다."

오프라 윈프리는 미루고만 있던 나를 행동하게 했다. 마쓰다 미쓰히로의 저서 『실전! 청소력』은 청소와 버림을 통해 나의 복잡했던 머릿속을 간결하게 정리해주었고, 빛남과 기쁨과 행복을 찾게 해주었다. 아까워서 버리지 못했던 물건들, 자리만 차지하며 평생을 함께 따라다녔던 물건이 많았는데 이제는 수시로 버리고 정리하는 습관을 들이고 있다. 김도사·권마담의 저서

『김 대리는 어떻게 1개월 만에 작가가 됐을까』(미다스북스)를 통해 나도 책을 쓰고 싶다는 생각을 하게 되었다. 물론 2018년에 작성한 나의 버킷리스트엔 '2023년 11월 내 책 출간 및 강연회'가 적혀 있다. 그땐 '5년간 노력해서 한 분야의 작은 성공을 이룬 후 책을 내자'가 목표였다. 하지만 이 책과 더불어 김태광 작가의 『100억 부자 생각의 비밀』(위닝북스), 단희쌤(이의상)의 『마흔의 돈공부』(다산북스)를 읽고 성공해서 책을 쓰는 게 아니라 책을 써야 성공함을 알았다. 책을 쓰는 과정에 치유와 자존감을 회복할 수 있다는 것 또한 나에게는 중요한 대목이었다. 그래서 용기를 내어 과감히 내 경험을 책에 담는 작업을 하고 있다. 역시 책 읽기와 책 쓰기는 훌륭한 자기 계발이 된다.

예전의 나는 나와 잘 맞지 않는 사람과의 관계를 위해 노력을 했다. 피곤한 시간이었다. 사람으로 인한 스트레스는 생각에 꼬리를 물고 정신적으로 피폐하게 만든다. 하지만 지금은 내 시간을 어떻게 사용해야 하는지 잘 알고 있다. 굳이 나와 맞지 않는 사람과의 관계 개선을 위해 시간을 쓰지 않게 되었다. 이 또한 책이 알려준 힌트다. 솔직히 책과 가까워지면서 그럴 여유도 없고, 시간을 내기가 힘들었다. 책을 읽는 동안 너무 행복하다. 좋은 책을 한 권 읽고 나면 그날은 온종일 기분이 좋다. 책을 읽으며 '행복'이라는 단어가 아른거렸다. 나는 여행을 할 때 자유를 느낀다. 모든 생활이 나를 구속한다는 생각이 들었던 걸까? 벗어나는 경험으로 여행을 할 때 우리는 행복을 느낀다고 『프레임』(21세기북스)의 저자 최인철은 말하고 있다. 걷고, 놀고, 말하고,

정말 죽을 것 같아 시작한 독서가 삶을 바꾸었다

먹을 때 행복을 느낀다. 여행은 이 모든 것을 갖추고 있다. 행복하기 위해 시간 관리가 되어야 한다고.

최인철 교수는 여행 못지않게 우리를 행복하게 해주는 것이 있다고 했다. 그것은 바로 책을 통한 배움과 성장이라고 한다. 내가 책을 통해 배움의 성장 욕구를 채워갈 때 느꼈던 그 행복을 최인철 교수가 TV에 나와서 강연하는 것을 보고 너무 놀랐다. 내가 행복을 알아가고 있다는 것에 대해 감사했다. 서울대 심리학과 교수이자 작가인 최인철 교수는 『프레임』이라는 책에서 우리의 인생은 어떤 프레임으로 바라보느냐에 따라 달라진다고 한다. 어떤 문제를 바라볼 때 어떤 프레임으로 볼 것인가? 이 책에서는 프레임을 '세상을 바라보는 마음의 창'이라고 정의한다. 관점, 마인드셋(mindset), 은유, 고정 관념 등이 모두 프레임의 범주에 포함된다고 한다.

어떤 프레임을 갖느냐에 따라 내 마음가짐이 달라진다. 물론 일상에서 프레임에 갇혀 문제 해결을 못할 때도 있다. 하지만 책을 읽기 전과 후는 분명 변화가 있다.

세계적인 성공철학의 거장 『놓치고 싶지 않은 나의 꿈 나의 인생 Think and Grow Rich』(국일미디어)의 저자 나폴레온 힐을 만나면서 지금껏 경험하지 못했던 경험을 했다. 훈련을 통해 잠재의식을 깨우며 내 안에 존재하는 나를 사랑하게 되었다. 나를 사랑함으로써 뭐든 할 수 있다는 자신감이 하늘을 찌를 듯 높아졌다. 그때 찍은 사진을 보면 정말 뼛속까지 자신을 사랑하고 있는 것을 느낄 수 있었다.

책을 읽는 것만으로도 자기 계발이 된다. 그래서 지금은 안다. 책 속에 숨겨진 보물이 엄청나다는 것을. 나는 책을 읽고 작게나마 행동으로 옮겼다. 미루던 습관도 많이 개선되고, 사고의 힘도 향상되고, 끈기도 생겼다. 긍정, 도전, 감사, 배움의 자세는 늘 열려 있다. 한 권 한 권 읽은 책들이 늘어날 때마다 나도 조금씩 성장하고 있다. 누구는 그냥 뻔한 얘기라고 흘려버리지만, 누구는 허투루 생각하지 않고 책이 시키는 대로 습관을 들이며 성장하고 있다. 당신이 카페에서 수다 떨며 생산적이지 못한 시간을 보낼 때 누군가는 카페에서 매일 조금씩 성장하고 있다. 아직도 자기 계발의 도구를 찾지 못했다면 책 읽기를 추천한다.

정말 죽을 것 같아 시작한 독서가 삶을 바꾸었다

06
책은 내공이 되고 내공은 삶을 바꾼다

독서로 쌓인 지식은 경험과 섞여 삶의 지혜와 방향까지 설계해준다.

책의 내공이 없으면 삶이 바뀌지 않는 걸까? 왜 우리는 삶을 바꾸려면 책을 읽어야 한다고 하는가? 책을 읽지 않았는데 삶을 바꾼 사람은 없는가? 이 또한 찾아보기는 힘든 것 같다. 『여덟 단어』(북하우스)의 작가 박웅현은 인생은 의도대로 되지 않는다고 이야기한다. 공짜도 없다고 말한다. 그러나 '반드시 기회가 온다'며 기회를 잡기 위한 무기 하나쯤은 마련해야 한다고 조언한다.

저자는 다가올 기회를 위해 이왕 준비하는 것, 내가 좋아하는 것으로 준비하라고 말한다. '전인미답'이란 이전 사람이 아직 밟지 않았다는 뜻으로 지금까지 아무도 손을 대거나 발을 디딘 일이 없다는 것이다. 다시 말해 누구의 인생도 같은 인생은 없다는 말이다. 내 인생은 내가 만들어가야 한다. 내가 만족할 수 있는 인생을 만들기 위해서는 무엇을 준비해야 할까? 이왕이면 좋아하는 것을 하라고 하는데, 문제는 내가 무엇을 좋아하는지, 무엇을 잘하는지 본인도 모른다는 것이다. 나이가 젊을 땐 이것저것 경험을 많이 해볼 수 있지만, 50~60대를 바라보는 중·장년층의 입장에선 그 또한 실패에 대한 두려움과 시간 낭비로 여겨진다.

그럼 어떻게 준비하는 게 가장 효율적일까? 솔직히 급변하는 사회에 살면서 혼자 뒤처질 것 같아 불안한 사람들이 많은 유혹을 당하며 엉뚱한 곳에 투자하고 있다. 잘 알지 못하는 주식, 부동산, 코인 시장, 대박 상품 및 신생 사업 등에 투자하게 된다. 다들 주변 지인의 말만 듣고 투자하게 된다. 전문적으로 공부한 뒤 투자하기에는 마음이 급하다. 또 공부하고 제대로 알아본들 그게 정확성을 말해주지 않는다. 사회 변화에 따라 변수는 있는 법이다. 잘될 줄 알고 오픈한 프랜차이즈 매장들은 지금 누구도 예상하지 못한 코로나19로 너무나 힘든 시기를 보내고 있다. 소상공인들은 말할 것도 없다. 누구도 피할 수 없는 상황이다.

모든 투자는 예측이 불가하다. '누구는 주식을 해서 돈을 벌었대.' '누구는

정말 죽을 것 같아 시작한 독서가 삶을 바꾸었다

이번에 부동산으로 돈을 벌었대.' '이 상품 대박이야.' '○○프랜차이즈 대박이래.' 이런 솔깃한 말을 몇 번 전해 들으면 없는 돈에 대출까지 해서 투자하는 사람들이 많다. 이들의 문제점이 무엇일까? 모두 급한 마음에 빨리 돈을 벌고 싶다는 마음이다. 이유는 그뿐만이 아니다. 이제는 그 누구라도 투자에 자유로울 수 없다. 예측 불가한 사회가 이미 도래했다.

제일 안전한 투자는 어디에 하는 것일까? 불안한 미래, 쏟아지는 정보 속에서 내가 찾는 현명한 투자처는 어디일까? 내가 아는 가장 안전한 투자처는 바로 자기 자신이다. 자신에 대한 투자는 오로지 좋은 직장에 취업하기 위한 스펙 쌓기였다. 그래서 일단 취업이 된 후는 공부에 소홀했다. 안전한 직장이 있으니 굳이 피곤하고 시간도 없는데 공부할 필요성을 느끼지 못한 것이다. 나이 들어 하는 공부란 배우지 못한 사람들의 성장 욕구를 충족시켜주는 여유로운 여가생활쯤으로 생각했다. 또는 생각지도 못한 퇴사로 인해 생존을 위한 자격증 공부가 전부였다.

하지만 한편에서는 취업을 위한 공부가 아닌 먼 미래를 보고 자신의 내적 성장과 자기만의 온전한 홀로서기로 1인 창업을 준비하는 사람들이 있다. 그들을 우리는 '개인 사업가'라고 불리웠다. 지금은 '1인 창업가' 또는 '1인 기업인'이라고 말한다. 그들은 자기 사업이기에 눈치를 보지 않고 성과를 올리기 위해 부단한 노력을 한다. 자기 삶과 직결되기에 부지런하지 않을 수가 없다. 지금 다양한 분야에서 1인 기업가들이 나타나고 있다.

왜 우리는 직장을 믿지 못하고 불안한 미래를 걱정하는가? 『그대, 스스로를 고용하라』(김영사)의 저자 구본형 소장은 조직이 일자리를 빼앗고 있다고 이야기한다. 사람들은 조직이 자신들을 돌봐줄 것이라고 생각하지만, 현실을 보면 구조 조정과 정리 해고로 대량 실업이 일어나고 있다는 것이다.

저자는 일자리를 가지게 된 것만으로도 다행이라는 생각에 머물지 말고, 자신의 재능을 계발해서 지적 재산의 가치를 끌어올리라고 당부하고 있다.

그럼 딱히 재능이라고는 없는 평범한 우리는 어떻게 자신의 가치를 끌어올릴 것인가? 가장 쉽고 접근하기 빠른 것이 바로 책이다.

일본의 '경영의 신'으로 불리는 기업가 마쓰시다 고노스케가 말하는 자신의 성공 비결은 하늘이 주신 3가지 은혜인 가난한 것, 허약한 것, 못 배운 것이라 했다. 가난함 덕분에 성실함의 중요성을 일찍 깨달았고, 허약하게 태어나서 건강의 소중함을 알고 몸을 아낄 수 있었고, 초등학교 4학년 때 중퇴했기 때문에 항상 배움에 관심을 가졌다고 한다. 정말 열악한 조건을 가졌음에도 하늘이 주신 3가지 은혜 덕택에 성공할 수 있었다고 말한다. 그를 통해 가난, 허약함, 배우지 못함은 성공하는 데 아무 문제가 되지 않음을 깨닫게 되었다. 이제 변명은 할 수 없다.

라이너 지델만의 『무엇이 당신을 부자로 만드는가』(갈라북스)에는 150년 간 증명된 거부들의 성공 비밀의 공통점을 알려준다. 여기서 공통점 중 한 가지는 바로 독서다. 엄청난 성공을 거둔 사람 대다수가 끊임없이 독서하는 사람들이라는 사실을 알고 있는가? 워런 버핏은 "읽을 수 있는 것은 모조리 읽어라."라고 말한다. 그는 오마하 공공 도서관에서 제목에 금융이 들어간 책은 모조리 읽었다고 한다. 심지어 어떤 책은 두 번씩 읽었는데, 이것이 10살이 될 때까지의 일이었다. 인생을 성공으로 이끄는 것 역시 책에 숨겨져 있었다. 이 책을 통해 독서의 중요성을 또 한 번 느꼈고, 다른 어떤 투자보다 나를 성장시키는 독서에 공을 들여야 함을 알게 되었다. 내가 그동안 투자한 배움이 헛된 것이 아니라 모두 나의 내공으로 쌓이고 있음을 확인하게 해주는 책이라 안도감이 들었다.

내가 배움에 투자한 돈을 지인에게 말했더니 놀라는 표정을 보였다. 그 표정엔 '미쳤다. 제정신이니?'라고 말하고 있었다. 그 뒤 누구에게도 말하지 않았다. 알면 일반 상식으로 미쳤다고 할 것이다. 바로 돈이 되는 아르바이트나 취업을 할 것이지 지금 그 나이에 돈을 주고 배워서 어디에 사용하냐고 한다. 돈을 벌지 못할망정 쓰고 다니는 나를 핀잔주기도 한다. 그들이 이렇게 말하는 것은 어쩌면 당연하다. 그런 경험이 없었기 때문이나. 또 아직 내가 큰 성과로 보여주지 못했기 때문일 것이다. 하지만 난 그 속에서 많은 이들이 경험하지 못한 경험을 했기에 후회하지 않는다. 아직은 눈에 보이는 큰 성과는 없지만 언제 폭발할지는 아무도 모르는 일이다. 성과를 내는 배움 또한 따로 있다는 것을 알게 해준 책이다. 책에서 귀한 정보를 많이 얻는 것도 사실이고, 책을 많이 읽는 사람이 그만큼 앞서 나가는 것도 맞는 말이다.

책은 내공이 되고, 내공은 삶을 바꾼다. 이제는 책을 왜 읽어야 하는지 감을 잡았을 것이다. 나도 예전엔 책이 주는 효과가 이렇게 큰 줄은 미처 몰랐다. 개인이 책을 통해 1인 경영자로서 독립할 생각은 전혀 하지 못했다. 하지만 책은 그동안의 내 생각을 완전히 바꿔놓았다. 아직도 보이지 않는 성과 앞에 책 읽기를 망설이는 사람이 있을 것이다. 과연 바쁜 시간을 쪼개어 시간과 노력을 할애할 만큼 독서가 내공이 되고 삶을 바꿔줄지 의구심만 가득하다면 인생의 위기에 대비해 조금씩이라도 꾸준히 읽어보기를 권한다. 분명 독서로 차곡차곡 쌓인 지식은 나의 경험과 섞여 삶의 지혜가 되고 앞으로의 삶의 방향까지 설계해주는 단단한 내공이 될 것이다.

정말 죽을 것 같아 시작한 독서가 삶을 바꾸었다

07
당신의 인생을 바꿀 열쇠는 책 안에 있다

내 인생을 바꿀 책을 찾아보자

당신은 인생을 바꾸고 싶은가? 지금 인생에 만족하는 사람은 굳이 인생을 바꾸고 싶다는 생각조차 해보지 않았을 것이다. 하지만 지금 인생의 풀리지 않는 문제로 힘들어하는 사람은 인생 역전할 기회만 찾고 있을 것이다. 우리의 인생은 언제나 해가 쨍쨍할 수 없다. 하지만 유독 인생의 단계마다 역경이 기다리고 있는 사람도 있다. 왜 누구는 하는 일마다 잘 풀리는데 누구는 하는 일마다 안 되는 걸까? 그것은 바라보는 관점에 따라 나르다.

SNS를 많이 하는 요즘 사람들은 자랑하고 싶은 일상을 공개한다. 거의

90% 이상인 것 같다. 모두 행복할 때만 공유하니 상대는 항상 행복하기만 한 줄 아는 것이다.

　나는 유독 놓치고 싶지 않은 것이 있었다. 누가 뭐라 해도 양보할 수 없는 것이 바로 자녀 양육과 교육이다. 그것만큼은 내 방식을 고수하는 것이다. 물론 큰아이가 사춘기에 들어서면서 서서히 놓기 시작했다. 그 전엔 정말 나의 분신처럼 생각하며 지극 정성으로 키웠다. 그땐 내가 손을 놓으면 죽을 것 같았다. 내가 사는 의미가 아이들이었기 때문이다.

　얼마 전 유튜브에서 강신주 철학자의 강의를 듣게 되었다. 그는 다음과 같은 질문을 했다.

　"매달린 절벽에 손을 뗄 수 있는가?" 처음엔 무슨 말인가 했다. 절벽에서 손을 떼는 순간 바로 죽음인데 어찌 손을 떼란 말인가? 그의 말인즉슨 손을 떼면 죽을 것 같아 붙잡고 있는 것에서 집착을 거두어도 아무런 일이 일어나지 않는다는 것이다. 내가 아니면 안 될 줄 알고 그렇게 꼭 붙들고 있었다. 내가 손을 떼도 아무 일도 일어나지 않았다.

　강신주 철학자는 말한다.

　"아이에게 집착하지 마라. 돈에 대해 집착하지 마라. 일에 대한 집착을 버려라. 이 집착에서 벗어날 때 삶이 편안해진다."

　　　　　　　　　정말 죽을 것 같아 시작한 독서가 삶을 바꾸었다

"주인의 삶을 살아라. 직장생활은 노예의 삶이다."

이 말을 듣는 순간 머리를 한 대 얻어맞는 것 같았다. 내가 아이에게 집착하는 것과 자식을 대기업에 팔기 위한 명품으로 만들고 있었던 것이 바로 나였기 때문이다. 아이에 대한 집착은 3년 전 내려놓았다. 허전하지만 견딜 만했다. 난 항상 아이에게 하고 싶은 일을 찾으라고, 성인이 되어 많은 경험을 하며 진정 원하는 것이 무엇인지 찾으라고 끊임없이 이야기했었다.

책을 읽다 보니 언젠가부터 철학과 인문학이 좋아졌다. 그렇게 강신주 철학자도 내 삶에 들어와 있었다. 인생의 고비가 올 때마다 나는 생각에 젖는다. 인생이란 어떻게 살아야 하는가? 그동안 내가 붙들고 있었던 것을 하나하나 내려놓으니 정말 마음이 편해졌고, 나를 다시 돌아보는 시간을 가지게 되었다. 아직 명쾌한 답은 내리지 못했지만 어렴풋하게나마 삶의 방향성을 찾아가고 있다.

『꿈을 완성시키는 마지막 1%의 정성』(멘토르)의 저자 송수용 작가는 대부분 삶이 고달픈 이유는 가난이나 병 때문이 아니라, 그런 것들을 극복할 수 있는 '삶의 이유'가 없기 때문이라고 말한다.

그러므로 삶의 의미를 찾으라 말한다. 살면서 부딪치는 고난들을 대할 때면 내 인생만 불행한 줄 알고 나락으로 하염없이 떨어지는 사람들이 있다.

주위를 둘러보면 말 못 할 사정을 가지고 살아가는 이들이 많다. 삶은 고난의 연속이다. 하지만 그걸 극복해서 새로운 삶을 살아가는 사람과 그렇지 못한 사람으로 나뉠 뿐이다. 당신은 어떤 삶을 선택하겠는가?

『내 인생이 흔들린다 느껴진다면』(책이 있는 풍경)의 저자 남희령 작가는 23년간 방송작가로 생활하며 내 인생의 진짜 주인으로 사는 법에 대해 말한다. 방송하며 만났던 사람들의 사연을 통해 얻은 경험과 지혜를 책에 담았다. 그녀는 말한다.

"결핍 없는 극복은 감동이 없고, 극복 없는 결핍은 부족함일 뿐이다. 나의 결핍을 히스토리하라."

그녀의 생생한 스토리와 삶을 대하는 태도를 보며 나는 정말 많은 반성을 했다. 나와 나이도 비슷한데 삶을 대하는 자세는 남달랐다. 생각하는 수준은 이미 인생의 한참 선배였다. 보통 사람들의 수십 배에 달하는 인생 경험이 축적되어 있었다. 만난 사람들의 인생을 통해 깨달은 지혜와 본인의 경험으로 이미 그녀만의 철학으로 살아가고 있었다. 결핍을 극복하기 위해 어떤 노력이든 해야 한다.

어떻게 살아야 하는가? 삶의 목적이 무엇인가? 내가 이런 질문에 대해 생

정말 죽을 것 같아 시작한 독서가 삶을 바꾸었다

각해볼 수 있게 한 것 역시 바로 책이었다. 삶의 목적을 가지고 내가 진정 원하는 삶이 어떤 삶인지 책과 함께 고민하며 찾아가고 있다. 한때는 돈만 많으면 하고 싶은 것을 하고 아무 걱정 없이 살 수 있을 것 같았다. 그래서 부자들을 부러워했다. 그런 부자들은 특별한 뭔가 있을 것 같았다. 그런 이유 때문인지 내 주변에는 100억대 부자들이 종종 나타났다. 그들이 뭐가 부족해서 나와 친해지려고 하는가? 갑자기 부를 이룬 사람은 따뜻한 사람이 그립다. 그렇게 독하게 돈에 집착하며 부를 이루었기 때문에 주변에 사람이 없다. 그들은 사람 냄새를 맡고 싶은 것이다. 그들과 지내며 알게 된 것은 역시 나는 돈만 많은 사람은 좋아하지 않는다는 사실이다. 그들 옆에는 아첨꾼들만 득실거린다. 난 그게 너무 싫었다. 서로서로 누가 더 충성심을 보이나 내기라도 하듯 그렇게 주변인과는 멀어지면서 부자에게 잘 보이려고 하는 모습에 그들과 멀어졌다. 그 뒤 내 삶은 편안해졌다.

나는 돈을 좋아한다. 하지만 남의 돈을 공짜로 얻으려고 하는 거지 근성은 싫다. 또 돈의 권력을 이용해 사람의 마음을 아무렇게나 주무르는 행동 또한 내가 그들과 멀어진 이유다. 그들이 남아도는 시간에 책을 읽어서 그동안 쌓지 못한 인격 수양을 쌓으면 좋을 텐데 안타깝다. 돈보다 더 소중한 것을 잊고 살지는 않는지 생각해볼 문제다.

우리가 인생을 바꾸고 싶은 이유는 경제적 자유와 시간적 자유를 누리기 위해서가 아닐까? 적어도 나는 그러하다. 정말 하고 싶은 것을 누구의 허락과 관여 없이 자유롭게 하고 싶다. 자유를 얻기 위해서는 먼저 경제적으로 여유로워야 한다. 그래서 사람들이 돈을 벌려고 하는 것이다. 물론 1차적인 목적은 삶을 유지하기 위해서다. 먹고살기 위해 돈은 필요하다. 책을 읽어야 삶이 나아진다는 말에 어떤 이는 반문할 것이다.

"책을 읽는다고 입에 풀칠할 수 있는 게 아니다. 당장 나가서 노동으로 돈을 벌어야지."

이 말도 맞는 말이다. 그런데 그는 당장 눈앞의 현실만 보고 하는 말이다.

지금 코로나바이러스19과 같이 예측 불가한 일들은 앞으로 빈번히 일어날 것이다. 그래서 미리 대비해야 한다. 그 방법이 책 안에 있다. 브렌든 버처드의 『메신저가 되라』(리더스북)를 읽고 메신저의 삶에 대해 깊이 생각하며, 공부하고 있다. 메신저란 다른 사람들에게 조언과 지식을 제공해주고 대가를 받는 사람이다. 자신의 성공 경험과 연구 결과 깨달음을 나누는 것이다.

당신의 인생을 바꿀 열쇠는 책 안에 있다. 그 어떤 보석과도 바꾸고 싶지 않은 책들을 만날 때 정말 희열을 느낀다. 모르는 것을 알고 깨우칠 때 절로 행복해진다. 책 한 권에는 한 사람의 삶의 경험과 지혜가 고스란히 담겨 있다. 책을 만나 몰입을 경험하고, 하고 싶은 일들이 늘어나고 있다. 이 세상에

정말 죽을 것 같아 시작한 독서가 삶을 바꾸었다

태어나 내가 할 수 있는 가치 있는 일이 무엇인지 생각해보게 된다. 나도 사회에 도움이 되는 사람이 되고 싶어서 책을 통해 더 단단한 내공을 쌓고 삶의 지혜로 무장한다.

어떤 역경 앞에서도 흔들리지 않는 미래를 위해 끊임없이 준비하고 있다. 나를 만나 인생의 작은 조언을 듣고 기뻐하는 사람들을 보며 나 또한 그들에게 도움이 되는 사람인 것에 감사한다. 앞으로도 인생에서 얻은 내 경험과 지식을 나누며 살아갈 것이다. 이 책을 읽은 당신도 책에서 당신의 인생을 바꿀 수 있는 열쇠를 찾기 바란다.

나는 독서에 투자한 후 마음이 평안해졌다

지나온 내 삶을 돌아보니 불안정했던 많은 선택의 순간들이 스쳐 지나간다. 나는 왜 그렇게 선택의 순간에 결정을 내리지 못했을까? 요즘 많은 이들이 선택 장애를 겪고 있다. 앞으로도 우리는 매번 선택의 순간을 맞이하게 된다. 어제의 나와 내일의 나는 똑같다. 선택하는 당사자가 같기 때문이다. 나를 변화시켜야 내일의 선택도 달라질 수 있다.

다시 말해 5년 전과 5년 후 아무런 변화가 없다면 탁월한 선택의 순간도 없다는 것이다. 나에게 엄청난 기회가 온 것을 알지도 못할 것이다. 누가 나에게 도움을 주는 사람인지조차 구별도 못 할 것이다. 책을 읽고서야 깨달았다. 내가 결정한 모든 선택의 기준이 잘못되었음을 말이다.

삶의 고난과 역경으로 힘들어할 때 내게 힘을 실어준 것은 다른 어떤 이도 아닌 바로 책이었다. 내게 삶의 희망을 제시해줬고, 용기를 주기도 했다. 괜찮다고 너만 그런 일 겪는 것이 아니라고 위로도 했다. 내 인생이 소중해지기

정말 죽을 것 같아 시작한 독서가 삶을 바꾸었다

시작했다. 책은 앞으로도 시련이 파도와 같이 오는데 준비하지 않으면 또 당할 수밖에 없다고 미리 준비할 것도 당부했다.

책을 읽으면 텅 빈 가슴에 채워지는 따뜻함과 성장 욕구 충족으로 너무 행복했다. 몰입의 순간은 가장 행복했던 경험이다. 독서 삼매경에 빠지는 사람들이 이해가 되었다. 지인과 커피 타임을 거절하기 시작했고, 모임에 나가는 횟수도 줄었다. 책과 함께할 때가 행복했기 때문이다. 책을 읽으며 인생의 멘토도 생겼다. 삶을 통찰하는 그들의 능력을 보며 존경스러웠다. 그들의 조언은 값으로 매기지 못할 정도다. 그렇게 책을 통해 지혜와 그들의 통찰을 그냥 받아먹는다. 인생의 멘토가 한 분씩 늘 때마다 세상을 다 가진 듯 든든해진다.

독서를 하며 내 안의 문제들이 하나씩 풀리기 시작했다. 이쯤 되면 어떤 이는 욕심을 부리기도 할 것이다. 독서 목표를 거창하게 세우기도 할 것이다.

그러나 급하게 욕심내면 독서하는 목적을 상실한다. 내가 권하는 방법은 좋은 책을 찾아 천천히 사색하며 읽는 것이다. 줄도 긋고 떠오르는 생각을 메모하면서 읽는 것이 좋다.

빠르게 읽으면 독서의 진정한 맛을 볼 수 없다. 권수만 채워 목표 달성에만 연연하지 말기를 바란다. 꾸준히 읽어나가자. 내가 독서로 얻은 많은 경험과 깨달음을 이 글을 읽는 당신도 느껴봤으면 좋겠다. 지금이 당신에게 힘든 시기라면 그 해답은 분명히 책 속에 있다.

나는 이 책이 누군가에게 희망이 되기를 소망한다. 당신이 스스로를 사랑하고 주체적인 삶을 살아가길 바라며, 앞으로 펼쳐질 당신의 풍요로운 인생을 응원한다.

끝으로 스티브 잡스의 명언으로 마무리한다.

정말 죽을 것 같아 시작한 독서가 삶을 바꾸었다

여러분의 시간은 정해져 있습니다.

그러므로 다른 사람의 인생을 사느라 시간을 낭비하지 마세요.

- 스티브 잡스

삶을 바꾼 독서 100권

1. 네빌 고다드, 『상상의 힘』, 서른세개의계단

2. 네빌 고다드, 『네빌링』, 서른세개의계단

3. 네빌 고다드, 『네빌 고다드의 부활』, 서른세개의계단

4. 루이스 L. 헤이, 『치유』, 나들목

5. 마이클 A. 싱어, 『될 일은 된다』, 정신세계사

6. 네빌 고다드, 『믿음으로 걸어라』, 서른세개의계단

7. 김상운, 『왓칭』, 정신세계사

8. 김상운, 『왓칭2』, 정신세계사

9. 로버트 치알디니, 『설득의 심리학』, 21세기북스

10. 웨인 다이어, 『행복한 이기주의자』, 21세기북스

11. 조셉 머피, 『잠재의식의 힘』, 미래지식

12. 데일 카네기, 『카네기 인간관계론』, 씨앗을 뿌리는 사람

13. 데일 카네기, 『카네기 행복론』, 씨앗을 뿌리는 사람

14. 고이케 히로시, 『2억 빚을 진 내게 우주님이 가르쳐준 운이 풀리는 말버릇』, 나무생각

정말 죽을 것 같아 시작한 독서가 삶을 바꾸었다

15. 정자영, 『오늘 더 행복해지는 연습』, 위닝북스

16. 나폴레온 힐, 『놓치고 싶지 않은 나의 꿈 나의 인생』, 국일미디어

17. 고영성·신영준, 『완벽한 공부법』, 로크미디어

18. 김병완, 『공부에 미친 사람들』, 다산북스

19. 조성희, 『더 플러스』, 유영

20. 오프라 윈프리, 『내가 확실히 아는 것들』, 북하우스

21. 박종기, 『지중해부자』, RHK

22. 브렌든 버처드, 『메신저가 되라』, 리더스북

23. 유근용, 『일독 일행 독서법』, 북로그컴퍼니

24. 김도사·권마담, 『김대리는 어떻게 1개월 만에 작가가 됐을까』, 미다스
    북스

25. 김도사, 『내가 100억 부자가 된 7가지 비밀』, 미다스북스

26. 김도사, 『100억 부자의 생각의 비밀』, 위닝북스

27. 미즈노 남보쿠, 『절제의 성공학』, 바람

28. 송수용, 『내 상처의 크기가 내 사명의 크기다』, 스타리치북

29. 송수용, 『꿈을 완성시키는 마지막 1% 정성』, 멘토르

30. 김병완, 『1시간에 1권 퀀텀독서법』, 청림출판

31. 최인철, 『프레임』, 21세기북스

32. 박웅현, 『책은 도끼다』, 북하우스

33. 박웅현, 『여덟 단어』, 북하우스

34. 이흥규, 『하루 1시간 책 읽기의 힘』, 미다스북스

35. 정소장·김도사, 『몸값 높이는 독서의 기술』, 위닝북스

36. 김경희, 『자꾸만 미안해하지 않기 위해 시작한 엄마 공부』, 미다스북스

37. 이민아, 『하마터면 네 아이의 엄마로만 살 뻔했다』, 태인문화사

38. 조성희, 『어둠의 딸, 태양 앞에서다』, 스타리치북스

39. 박상배, 『본깨적』, 예담

40. 김승호, 『알면서도 알지 못하는 것들』, 스노우폭스북스

41. 김승호, 『생각의 비밀』, 황금사자

42. 아베 쓰카사, 『인간이 만든 위대한 속임수 식품첨가물』, 국일미디어

43. 권동희, 『미친 꿈에 도전하라』, 위닝북스

44. 조성희, 『뜨겁게 나를 응원한다』, 생각지도

45. 김상임, 『마음을 아는 자가 이긴다』, 쏭북스

46. 이진희, 『나를 살리는 감사의 기적』, 돌아온탕자

47. 권마담·오지영, 『누구나 가는 길은 정답이 아니다』, 미다스북스

48. 스가야 신이치·민진홍·경광배, 『유튜브 마케팅 혁명』, 매일경제신문사

49. 김태광, 『마흔, 당신의 책을 써라』, 글로세움

50. 오리슨 S.마든 『아무도 가르쳐주지 않는 부의 비밀』, 나래북

51. 남희령, 『내 인생이 흔들린다 느껴진다면』, 책이 있는 풍경

52. 김민기·조우석, 『행운 사용법』, 문학동네

정말 죽을 것 같아 시작한 독서가 삶을 바꾸었다

53. 그래, 『내 감정의 주인으로 사는 법』, 미다스북스

54. 라이너 지델만, 『무엇이 당신을 부자로 만드는가』, 갈라북스

55. 엠제이 드마코, 『부의 추월차선』, 토트

56. 유복순, 『그때 멈추지 않아서 다행이다』, Jinhan M&B

57. 웨인 다이어, 『확신의 힘』, 21세기북스

58. 서경선, 『죽을 때까지 행복하게 사는 인생의 기술』, 미다스북스

59. 팀 페리스, 『나는 4시간만 일한다』, 다른상상

60. 단희쌤, 『마흔의 돈 공부』, 다산북스

61. 하브 에커, 『백만장자 시크릿』, RHK

62. 이시다 히사쓰구, 『3개의 소원 100일의 기적』, 김영사

63. 이노우에 히로유키, 『배움을 돈으로 바꾸는 기술』, 예문

64. 셰인 스노, 『스마트컷』, RHK

65. 남경흥, 『허공의 놀라운 비밀』, 지식과 감성

66. 지그 지글러, 『ZIG ZIGLAR 정상에서 만납시다』, 산수야

67. 존 소포릭, 『부자의 언어』, 월북

68. 김태광, 『부자부모 없는 당신이 진짜부자 되는 법』, 위닝북스

69. 나탈리 골드버그, 『뼛속까지 내려가서 써라』, 한문화

70. 김수환, 『그릿』, 쌤앤파커스

71. 니르 이얄,줄리 리 『초집중』, Andromedian

72. 윤석준, 『왓처』, 왓칭하우스

73. 아리나, 『기적을 만드는 의식 혁명』, 위닝북스

74. 공병호, 『명품 인생을 만드는 10년 법칙』, 21세기북스

75. 마이클 A. 싱어, 『상처받지 않는 영혼』, 라이팅하우스

76. 송용섭, 『부를 끌어당기는 직장인의 공부법』, 위닝북스

77. 마쓰다 미쓰히로, 『실전! 청소력』, 나무한그루

78. 신성호, 『내 몸을 살리는 면역 건강법』, 위닝북스

79. 이지성, 『리딩으로 리드하라』, 차이정원

80. 스테판 클레르제, 『기운 빼앗는 사람, 내 인생에서 빼버리세요』, 위즈덤하우스

81. 김태광, 『출근전 2시간』, 위닝북스

82. 다카시마 데쓰지, 『인생을 바꾸는 공부혁명 잠자기 전 30분 공부법』, 아이콘북스

83. 심길후, 『신기루의 법칙』, 나비의 활주로

84. 윤성희, 『기적의 손편지』, 스마트북스

85. 에스더 힉스·제리 힉스, 『머니룰』, 나비랑북스

86. 김태원, 『생각을 선물하는 남자』, 21세기북스

87. 모치즈키 도시타카, 『보물지도』, 나라원

88. 김태원, 『젊은 구글러가 세상에 던지는 열정력』, 21세기북스

89. 존 고든, 『에너지 버스』, 쌤앤파커스

90. 김승호, 『돈의 속성』, 스노우폭스북스

정말 죽을 것 같아 시작한 독서가 삶을 바꾸었다

91. 강신주, 『강신주의 감정수업』, 민음사

92. 장혜진, 『내 인생의 주인으로 살기 위한 감정수업』, 미다스북스

93. 구본형, 『그대, 스스로를 고용하라』, 김영사

94. 김주환, 『회복탄력성』, 위즈덤하우스

95. 팀 페리스, 『타이탄의 도구』, 토네이도

96. 최재붕, 『포노사피엔스』, 쌤앤파커스

97. 이랑주, 『오래가는 것들의 비밀』, 지와인

98. 기시미 이치로, 『미움받을 용기』, 인플루엔셜

99. 최진석, 『탁월한 사유의 시선』, 21세기북스

100. 김종원, 『사색이 자본이다』, 사람in